Mlle AMORY DE LANGERACK

LE

MONT SAINT-MICHEL

SON HISTOIRE ET SA LÉGENDE

LIBRAIRIE DE J. LEFORT

IMPRIMEUR, ÉDITEUR

LILLE | PARIS
rue de Muyssart, 24 | rue des Saints-Pères. 30

LE

MONT SAINT-MICHEL

In - 8º 5º série.

LE MONT SAINT-MICHEL

LE
MONT SAINT-MICHEL

SON HISTOIRE ET SA LÉGENDE

Par Mlle Amory de LANGERACK

CINQUIÈME ÉDITION

Ouvrage orné de gravures.

PARIS

Rue des Saints-Pères, 30

J. LEFORT, IMPRIMEUR, ÉDITEUR

A. TAFFIN-LEFORT, Successeur

Rue Charles de Muyssart, 24

LILLE

LE

MONT SAINT-MICHEL

I

Origines.

Un grand évêque, saint Aubert, occupait, en 708, le siège épiscopal d'Avranches. Le mont Tumba s'élevait près de là. Aubert, frappé de la poésie grandiose et mystique du lieu, y fit bâtir une petite église en l'honneur de saint Michel. Ce sont les premiers vestiges que l'histoire nous offre de cette célèbre abbaye, que tant de titres recommandent à la religion, à la poésie, à notre culte patriotique pour les origines et les traditions de notre beau pays de France.

Tantôt isolé au sein d'une immense plaine de sable mouvant, tantôt entouré des flots de la mer qui se brisent sur ses flancs, le mont Saint-Michel est encore l'une des curiosités géographiques les plus étranges de l'Europe. Ce lieu semble créé pour toutes les luttes de l'esprit et de la matière, et il n'est pas étonnant qu'il ait été la scène gigantesque de nos luttes natio-

1*

nales avec le plus vieil adversaire de notre gloire : l'Angleterre.

Il n'y a pas encore si longtemps qu'une majestueuse basilique couronnait la cime de cette montagne, fréquentée dans ce temps-là par des processions de pèlerins, tant nobles que pauvres ou bourgeois, accourus de toutes les contrées de l'Europe pour honorer l'archange protecteur de la France et de sa brillante monarchie. Une hospitalité toute chrétienne attendait le voyageur dans le monastère, où de pieux cénobites, dignes des temps qu'a réveillés si éloquemment M. de Montalembert dans son *Histoire des Moines d'Occident,* s'étaient renfermés, attirés par la majesté et le silence de cette sainte solitude.

Saint Aubert était né dans le diocèse d'Avranches.

C'était un enfant béni de cette vieille et rustique terre de Normandie. Sorti d'une famille noble et riche, il renonça au monde pour embrasser la sublime égalité de l'Évangile, et distribua ses biens aux pauvres pour ne garder d'autres trésors que ceux que la rouille et les vers ne consument pas. Aussi fut-il bientôt assez riche en vertus et en sainteté pour que Dieu lui octroyât le don des miracles.

Dans son amour de la retraite, cet amour qui a isolé de ce monde presque tous nos saints, parce que Dieu ne parle à l'âme que seul à seule avec elle, saint Aubert avait choisi pour oratoire ce mont Tumba, où les beautés d'une nature sauvage et terrible semblaient appeler les harmonies du ciel autour de la prière. Au milieu des sables de ce désert, il s'est vu longtemps deux petits autels rustiques élevés par ses mains, où, devant son crucifix, il s'appliquait à cette science surnaturelle, la seule nécessaire, la sainteté. Une nuit que le saint évêque était resté là, oubliant le sommeil et la faim dans ses entretiens avec Dieu, il eut une apparition. Un archange, tout radieux de lumière, descendit vers lui sur les nuées. « Je suis Michel, lui dit l'apparition. Cette montagne est sous ma protection. Dieu t'ordonne d'y bâtir un temple. L'honneur qu'on me rendra ici, à la gloire du Seigneur, ne sera pas inférieur à celui qu'on rend aux anges sur le mont Gargan. »

A ces mots, il disparut. Surpris de cette vision, l'évêque en douta cependant, car il est écrit qu'il ne faut pas croire à toutes sortes d'esprits ; mais voilà qu'une seconde fois saint Michel se montre à lui, en lui ordonnant d'accomplir ce qui lui avait été commandé. Il diffère encore.

Il arriva pendant ce temps qu'un homme vola le taureau d'un brave villageois du pays. Ce voleur alla cacher sa capture sur le mont Tumba, espérant qu'on cesserait de le chercher, et qu'il pourrait ensuite le vendre avantageusement. Alors, comme saint Aubert tardait toujours, l'archange lui apparut une troisième fois ; il lui commanda avec sévérité d'exécuter promptement ses ordres, de fonder l'église sur le terrain foulé par les pieds du taureau volé, et de faire restituer au véritable propriétaire l'animal qu'il cherchait depuis longtemps. Saint Aubert, cette fois, ne méconnut plus le caractère céleste de cette apparition, et il ne quitta ce lieu qu'après avoir accompli les ordres de l'archange. C'est de ce moment que datent les pèlerinages dont cette sainte montagne est l'objet. On voit que ce n'est pas la plus moderne de nos dévotions.

II

Un lieu prédestiné.

Il arriva un grand événement au mont Saint-Michel vers l'an 990. On vit apparaître une comète qui brilla pendant trois mois, en traînant sur l'horizon sa longue queue lumineuse. On sait ce que la rare apparition de ce météore inspirait de terreur aux populations d'alors. Elle était quelquefois justifiée par les événements. Peu de temps après, l'église fut dévorée par les flammes. Richard II, roi d'Angleterre, la fit rebâtir avec magnificence, et c'est à cette époque que remontent les grosses colonnes cylindriques, la nef assez bien conservée, du reste, et une partie des voûtes qui subsistent encore de nos jours.

Il survint en ce même temps des miracles assez éclatants au mont Saint-Michel. Le premier fut la découverte des reliques de saint Aubert, qui avaient été dérobées, et qu'on trouva sans que personne sût en quel lieu secret avait été déposé ce trésor. Ce fut ensuite une guérison miraculeuse. Deux vieillards étaient malades ; toutes les ressources de l'art avaient été épuisées pour eux. L'un d'eux imagina, pour se guérir, une singulière potion ; il voulut boire de l'eau où avait été plongée la tête de saint Aubert. Il proposa le même remède à son frère. Celui-ci refusa ; il mourut presque aussitôt après, tandis que son compagnon de souffrance, parfaitement guéri, chantait les louanges de Celui qui accorde tout à la foi fervente et soumise.

Un autre prodige n'émut pas moins tout le peuple
de l'Avranchin. Un noble seigneur de Bourgogne,
étant en pèlerinage à Saint-Michel, emporta une
pierre de l'église dont il fit une relique, et sur laquelle il fit bâtir, dans sa châtellenie, une chapelle
en l'honneur du saint archange. Au lit de la mort, il
recommanda à son épouse et à ses enfants cette chapelle qu'il chérissait. La veuve, ayant oublié la pro-
messe sacrée de son mari, et ses enfants ayant
dépensé follement leur patrimoine, leurs biens, ainsi
que la chapelle, furent vendus à des étrangers. La
malheureuse mère voulut faire un pèlerinage à Saint-
Michel; mais en entrant dans l'église, elle se sentit
repoussée par une main invisible. Elle voulut essayer
une seconde fois, et elle éprouva alors des douleurs
si aiguës en tout son corps, qu'elle tomba sans
connaissance. Plusieurs religieux vinrent à son secours; ils l'engagèrent à confesser ses fautes. Elle
avoua le mépris qu'elle avait fait des dernières
volontés de son époux, et promit de réparer ses
torts. Les religieux l'accompagnèrent jusque dans
l'église; elle ouvrit son cœur au Seigneur, pria l'archange, et sortit toute consolée et la paix dans l'âme.

Le prélat d'Avranches reçut des dons considérables
des ducs de Normandie, de Bretagne, des grands
seigneurs du pays, et des pèlerins qui venaient en
masse et sans discontinuer à la sainte montagne.
Plusieurs abbayes y furent construites, tant pour les
femmes que pour les hommes. La sainteté des
évêques qui gouvernaient l'Avranchin était digne de
la réputation de ce saint lieu. Les successeurs de
saint Aubert furent tous des hommes remarquables
par leur charité, leur bonne vie et leurs belles œuvres.

III

La prophétie de Richard de Toustain.

Les mémoires les plus spirituels du XVIIIe siècle, les souvenirs de la marquise de Créqui, signalent, comme les trois monuments les plus curieux du royaume, le château royal de Chambord, l'église de Brou-lez-Bourg, en Bresse, et surtout l'abbaye du mont Saint-Michel. J'ai, pour ma part, la plus confiante vénération dans les assertions de cet estimable auteur, et lors même qu'elle serait seule à l'affirmer, je crois aisément que le mont Saint-Michel défie en effet toutes les descriptions. Cela devait être vrai, surtout du temps où en parle cette dame, alors que l'ardente foi de tout un peuple entourait de splendeurs, sans cesse renouvelées, ce majestueux souvenir du dévot moyen âge. Ce devait être quelque chose d'imposant et de radieux que cette immense montagne toute formée de rochers arides et gris, couronnée de sa sévère basilique avec son svelte campanile à jour et ses beffrois aigus, et dominant l'océan de toute la hauteur de sa physionomie fière et recueillie, au nom de Celui qui commande aux vents et à la mer.

A cette époque, cet immense rocher sortit d'une ceinture de hautes murailles crénelées avec des tours en saillie dont chacune était nommée d'après le sens de la tradition qui s'y rattachait : c'était la *Tour du Roi*, celle *de la Reine*, la *Tour de la Liberté*, la *Tour Marilland*, la plus élevée de toutes ; les *Tours*

Stéphanie et *Gabrielle*. De petits édifices gothiques incrustaient les flancs du rocher, entremêlés de pins, de figuiers, de lierres, de chênes verts ; la chapelle Saint-Aubert, cette mystérieuse chapelle, si simple, si naïve, ébranlée par les vents et les flots, et toujours debout, se montrait parée des offrandes d'illustres pèlerins, et puis enfin, au sommet de l'édifice, d'un travail si riche et si léger, dit Mᵐᵉ de Créqui, on voyait planer l'image du protecteur angélique de la France et de sa brillante suite de rois, « l'archange saint Michel terrassant le démon. » Cette belle image était colossale et toute d'or massif. Elle avait été érigée au xiiᵉ siècle par l'abbé Rainulfe de Villedieu. Elle tournait sur un pivot, d'après la direction des vents, et cette épée flamboyante de l'archange, s'élevant dans le ciel, offrait dans son agitation un prestige surprenant pendant les orages. Une tradition miraculeuse de justesse s'y rapportait : un vénérable abbé du mont, Richard de Toustain, avait attaché à la conservation de cette image sainte la durée de l'abbaye. La ruine du monastère devait suivre la destruction de cette statue. La prophétie de l'abbé s'est trouvée tristement réalisée. Un coup de tonnerre pulvérisa, en 1788, la statue de l'archange ; la tempête révolutionnaire passa ensuite, dispersant les hommes et les institutions, et le monastère fut emporté parmi les ruines de quatorze siècles.

L'ange retourna au ciel, et la France, comme rougissant de ses vieilles traditions et de ses pieuses croyances, ainsi qu'on rougit d'une parure passée de mode, la France fit de la monnaie neuve avec les débris de l'image gothique.

Tout le monde sait les **phénomènes géographiques**

qui font du mont Saint-Michel une curiosité scienti-
fique. La nature a contribué tout autant que la foi
et l'art à sa juste célébrité.

On ne veut traiter ici que son importance historique, et il y a là assez de matière déjà pour donner
lieu à un livre.

Il est assez connu aussi que la ville n'a qu'une
seule rue qui aboutit en serpentant au portique de la
vieille abbaye, vénérable relique de ce xIIe siècle,
l'une des plus fécondes époques de notre moyen âge.
Cette abbaye était à bon droit regardée comme une
merveille de magnificence sévère et de construction
savante.

IV

L'abbaye du mont Saint-Michel.

Des ouvrages spéciaux ont donné de ce monument
des descriptions trop complètes pour y pouvoir rien
ajouter, et trop étendues pour pouvoir être abrégées
ici. L'église abbatiale avec ses colonnes élancées et
ses roses de vitraux résumait bien l'archéologie du
xIIe siècle. Le maître-autel était entièrement recou-
vert d'argent massif, ainsi que le tabernacle et ses
gradins qui supportaient la belle figure sculptée de
l'archange, d'après Raphaël, et qui était, dit-on, un
superbe monument de l'art. Tous les gentilshommes
de Normandie qui partaient avec Guillaume le Conquérant, en 1066 et 1067, avaient leurs armoiries
coloriées autour du chœur et de l'abside, et c'étaient
là des documents peu importants pour le peu d'an-

ciennes familles nobles qui restaient encore en Angleterre. La salle des Chevaliers de Saint-Michel, galerie héraldique où semblait être refugiée toute la pompe féodale de la vieille France, était encore, il y a quelques années, transformée en un atelier de tissanderie et de filature. C'est pitié de voir avec quel dédain la France traite toutes ces magnifiques vieilleries dont quelques-unes seulement feraient la gloire et l'orgueil des autres nations. Je sais bien que les riches ont le droit d'être prodigues, et que, si elle gaspille si légèrement le trésor de ses souvenirs, c'est qu'elle a de quoi puiser dans son fécond et généreux passé. Cependant comme on peut être fier sans forfanterie, on peut aussi être économe sans avarice, et il n'y aurait ni mal ni ridicule à ce qu'on fût plus soigneux de nos vieilles reliques, à ce qu'on leur conservât surtout leur prestige. Nous ressemblons à des enfants qui joueraient aux billes avec les diamants de leur mère.

Ah! si les Anglais, ce peuple patriote par excellence, possédaient de telles richesses nationales, comme ils seraient fiers et comme ils en useraient autrement! Quand on les voit montrer avec tant d'orgueil, aux étrangers, sous verre et grillage, leurs diamants de la couronne, dont l'origine ne remonte pas au delà du règne d'Édouard III, on peut croire qu'ils seraient capables d'enchâsser tout entier un monument comme notre mont Saint-Michel, s'ils avaient le bonheur et la gloire d'en compter un pareil.

Le grand réfectoire des religieux et les anciens dortoirs, d'un style simple roman gothique, étaient presque des monuments à eux seuls, tant ces salles offraient de majesté et de grandeur. Mais tout cela a subi depuis la Révolution tant de vicissitudes, qu'il reste à peine quelque chose de leur grand air. Le cloître, formé de colonnettes de granitelle variée, ajustées vers la pointe des ogives avec des sculptures en marbre imitant des nœuds de cordage, est du travail le plus riche et le plus ingénieux que l'on puisse voir, et d'un effet sublime de prestige. Lorsque le soir, aux rayons de la lune, le vent de mer vint sur la cime du rocher ébranler ses arceaux gothiques, il semble qu'on voit s'agiter comme des feuilles les chapiteaux et les rosaces, et que les ombres pieuses des moines qui attendent dans le caveau le jour du réveil éternel, vont se lever et apparaître encore sous ces arches silencieuses avec leur rosaire et leur missel, pour se réunir comme autrefois à l'appel de la prière.

Les souvenirs de la marquise de Créqui, et elle se connaissait en belles choses, citent surtout comme un remarquable effort de construction la réunion de quatre immenses piliers gothiques qui supportent une voûte sur laquelle ont été bâtis le rond-point du sanctuaire et la base du grand clocher qui sont édifiés en dehors du plateau du rocher. On reconnaît bien le génie du christianisme, et surtout du christianisme gothique, dans cette conception si savante et si grandiose. « On parle toujours, dit l'auteur que nous venons de citer, on parle toujours de la *Diplomatique des Bénédictins français* et de l'*Art de vérifier les dates;* mais il m'a toujours semblé que le grand œuvre des Bénédictins était leur abbaye du mont Saint-Michel. »

V

La légende du rocher de Tombelène.

A une demi-lieue du mont, on aperçoit, à fleur d'eau, un petit îlot sablonneux. C'est le rocher de Tombelène. Ce lieu avait été consacré par le culte des druides, qui, dit-on, y avaient élevé un temple au soleil qu'ils adoraient. Du temps où la Bretagne était couverte de monuments celtiques, le mont Saint-Michel offrait un piédestal au dolmen et une retraite mystérieuse aux druidesses. Avant la domination des Romains, c'était de là qu'elles rendaient leurs oracles. Neuf druidesses habitaient en ce lieu et dictaient aux peuples celtiques leurs lois vénérées. L'*Histoire ecclésiastique* de la *Bretagne* et les *Essais de Sainte-Foix* rapportent à ce sujet une curieuse tradition que voici :

« Les marins ne manquaient pas, avant de s'embarquer, d'aller acheter aux druidesses du mont Bélénus des flèches qui, lancées dans les flots par le plus jeune et le plus beau d'entre eux, devaient conjurer ou apaiser la tempête. Au retour du navire, le jeune voyageur venait, plein de reconnaissance, offrir des présents à la prêtresse ; et elle, avant de le laisser partir, attachait de sa main, sur ses vêtements, des coquilles dont le nombre témoignait, aux yeux de ses frères, de sa valeur et de son mérite. »

Peut-être faut-il voir là l'origine du premier costume de nos pèlerins du moyen âge.

L'auteur d'une savante notice sur le mont Saint-

Michel fait observer, avec la naïveté superstitieuse
d'un antiquaire, qu'il n'y a toujours eu jusqu'à présent
au mont que des femmes occupées à tenir des bou-
tiques de chapelets, de colliers, de médailles, d'é-
charpes couvertes de coquillages, et enfin de toutes
ces curiosités locales dont les pèlerins n'oublient
jamais de faire provision. Il a l'air d'insinuer que
l'esprit druidique a continué de planer sur nous
des extrémités de notre continent, et qu'il imprègne
encore de sa poésie sauvage ces régions où notre
moyen âge a passé avec les splendeurs de la foi,
laissant derrière lui une longue traînée de parfums
sacrés et d'encens.

Les traditions sont nombreuses et différentes sur
l'étymologie du nom de Tombelène; mais la plus
intéressante est celle-ci, que nous prenons au savant
bénédictin dom Huynes.

« Il y avait autrefois un prince de Bretagne qui
avait nom Hoël. Il possédait une fille blonde et
blanche comme les ondines de la Scandinavie. Elle
s'appelait Hélène. Elle était la joie de son père et
l'ornement des bords de l'Armorique. Un jour, elle
disparut. Un cruel ravisseur l'avait conduite dans
l'île mystérieuse des druidesses. Son pauvre père
pleurait et interrogeait vainement les voyageurs qui
passaient dans sa contrée. Jamais il ne retrouva la
trace de sa fille unique et bien-aimée. Le pauvre
père mourut seul et désolé. La belle princesse conserva quelque temps l'espérance de voir arriver le
jour de sa délivrance. Il ne se trouva nul pèlerin
pour aller appeler à son aide les puissants de l'Armorique, ni porter un message à ce père qu'elle
aimait plus que la vie. Après avoir attendu de

longues années, elle sécha de langueur en cherchant des yeux les blanches rives de sa patrie. Sa nourrice l'enterra dans cet île et l'y pleura longtemps. On dit que c'est en sa mémoire que le peuple de Normandie donna le nom de Tombe-Hélène (Tombelène) au mont qu'habita cette belle et malheureuse jeune fille. »

Cette légende, que rapporte le savant Bénédictin, a été extraite d'un célèbre poëme en langue romaine, le roman du Brut, qui est peut-être l'origine de tous les romans de la Table-Ronde.

Tombelène devint dans la suite un prieuré dépendant de l'abbaye du mont Saint-Michel, et le roi Louis XIV, qui pensait à tout, en fit le siège d'un de ses gouvernements de France. Ce fut le surintendant Fouquet qui y ajouta des constructions considérables et qui y mit une garnison.

Jusqu'en 89, les pèlerins ne manquèrent pas à Tombelène, et sa chapelle, dédiée à Notre-Dame et à sainte Apolline, vierge et martyre, était encore très régulièrement ornée de dons et d'offrandes avant la Révolution. Les navigants affluaient dans ce sanctuaire après les voyages maritimes; on y voyait suspendre des *ex-voto* et des ancres de sauvetage ; des branches de corail, des mamelons d'ambre, des prismes d'aigue-marine, apportés par les matelots, décoraient les murs ; et des cailloux, roulés par les vagues, ont servi de base à ce précieux petit édifice.

C'était une coutume des ducs de Normandie et de nos rois, leurs suzerains, de ne pas manquer, dès leur avènement, à se rendre pieusement en pèlerinage à la sainte montagne, *in periculo maris*, comme l'ont nommé nos chrétiens du moyen âge. Depuis Philippe-Auguste jusqu'à Louis XV, pas un de nos princes n'y manqua. Le régent, tuteur d'un roi de cinq ans, négligea, au milieu des désordres de sa folle vie, de faire remplir si scrupuleusement à son royale pupille une pratique de foi traditionnelle qui n'allait guère au scepticisme si connu de son caractère et de ses mœurs. Le jeune Louis XV fut donc le premier de nos rois dont l'avènement ne fut pas consacré par ce pieux pèlerinage, devenu l'un de nos us et coutumes monarchiques.

Or il y avait, dans les vieux chartriers de l'abbaye Saint-Michel, une ancienne prophétie dont nous avons déjà parlé, relativement à la statue de l'archange. Cette prophétie terrible annonçait les plus grands malheurs à celui de nos rois qui ne viendrait pas honorer, dans son sanctuaire, le glorieux archange, protecteur de la France et du trône, et cette prédiction atteignait aussi ses héritiers jusqu'à la troisième génération. Si la tradition existe réellement, ainsi que cela a été prouvé, on ne saurait disconvenir que l'abbé Richard de Toustain n'ait eu la vue longue, et juste surtout ! soit dit douloureusement en passant.

Ah ! si cette procession brillante de pèlerins qui vinrent sans interruption pendant plusieurs siècles apporter à cette magnifique solitude leur prière et leur souvenir, avait laissé quelques noms au mur du sanctuaire, quelles listes splendides nous aurions ici à reproduire !

Mais non ; ces grands hommes, dont la plupart ont marqué de leur sceau leur époque ou nos institutions nationales, passaient silencieusement, au milieu de ces grandes choses, sans souci des clameurs de la postérité, faisant toute chose simplement, avec cette sublime humilité dont nous avons, en quelque sorte, perdu le sens, en même temps que celui de la vraie grandeur.

Où est le plus petit bourgeois de notre temps qui eût résisté à la tentation? Ne croirait-on pas faire tort aux archives historiques de notre pays, si, en tournée d'affaires ou de plaisir, on manquait de graver sur les murs d'un de nos palais, sur un des arbres de Fontainebleau ou de Compiègne, un nom que personne ne verra peut-être jamais, sinon les employés de monsieur le Maire?

VI

L'archange protecteur.

C'était la situation pittoresque du mont Saint-Michel, la justification souvent éprouvée de la dévotion à l'archange, et le patronage spécial qui lui était attribué dans les dangers de la mer, qui l'avaient fait nommer de ce vocable : *in periculo maris*. De nombreux miracles, racontés par les traditions les plus respectables, attestent, d'ailleurs, la protection de l'archange dont l'épée victorieuse semblait défendre contre les éléments et contre l'étranger ce rocher français suspendu sur l'abîme. Plusieurs pèlerins illustres en avaient rendu témoignage, et un manuscrit du mont raconte entre autres ce miracle :

« Une femme de Normandie allait en pèlerinage à la sainte montagne avec son mari ; elle était près de devenir mère. Pendant qu'ils marchaient tous les deux sur la grève, un épais brouillard les environna tout à coup, le vent siffla horriblement, et la mer mugit au loin. L'épouse, saisie de frayeur, tombe évanouie, et quelques heures après, au milieu de cette furieuse tempête, naît l'enfant, leur fils unique. Cependant les flots avançaient et les entouraient déjà. Quelle horrible perplexité! Dieu permettra-t-il que ces pieux serviteurs, venus là pour chanter sa louange et implorer ses miséricordes, soient submergés par la mer en furie, et trouvent, au lieu de la vie et de ses prospérités, une mort horrible et imprévue sur cette grève périlleuse? Ils s'agenouillent, implorent, dans leur détresse, le souverain Créateur des éléments, et l'intercession de l'archange, qui veille sur les pèlerins. Le céleste patron du mont ne tarda pas à les secourir; il sauve cette malheureuse famille d'un désastre imminent. Pendant que l'enfant nouvellement né mêlait encore ses cris plaintifs aux effrayants mugissements des vagues, il sembla tout à coup que les flots s'élevaient à leurs côtés comme des montagnes. Au milieu la mère, désolée, élevait entre ses bras son fils vers le ciel, et le père, faisant couler sur lui l'eau régénératrice, le revêtait de Jésus-Christ.

» Dans ce baptême douloureux, le petit enfant ne reçut pas le nom de ces aïeux; mais le père l'appela *Péril*. Ainsi sauvé par un touchant miracle, l'enfant fut voué à Dieu et nourri dans les tabernacles. C'était bien vraiment l'enfant de la Providence. Il reçut plus tard les ordres sacrés, et rendit témoignage, par ses vertus autant que par son existence même, de la puissance et de l'appel du Seigneur en même temps que de la protection de l'archange. Ce saint prêtre existait à Lisieux, où la population l'avait en grande estime et vénération au temps où le manuscrit racontait ce fait. Le récit ajoutait que chaque année il ne manquait pas de venir visiter, en grande faveur, le mont du miracle, pour reconnaître les précieuses faveurs de Dieu à son égard. »

Quant à l'église du mont Tumba (Tombe-Hélène), elle a aussi son origine miraculeuse que rapporte la légende.

« Il y avait dans les temps reculés de la chrétienté, par delà l'Angleterre, une contrée où régnait un prince appelé Elga. On croit aujourd'hui que ce pays est l'Irlande. Un serpent monstrueux y exerçait d'effroyables ravages. Il avait quitté les rochers ; il était descendu dans la plaine, gonflé d'écume vénéneuse, et avait jeté l'effroi dans les compagnes voisines. Il brûlait les herbes, infectait l'air, et son haleine pestilentielle tuait tous les habitants. Bientôt la contrée, devenue inhabitable, fut déserte. Souvent il se retirait près d'une claire fontaine, où une rivière prenait sa source, et tous ceux qui s'y désaltéraient y buvaient un poison mortel. Les habitants du pays, dans cette extrémité, recoururent au Seigneur. Le pasteur, touché de la désolation du peuple, enjoignit, pour fléchir le Ciel et en obtenir une délivrance prochaine, la prière, le jeûne, l'aumône, qui sont les armes ordinaires de l'Église. Le troisième jour, ainsi pressurés, peuple et pasteur marchèrent à la rencontre du monstre pour le terrasser. Le clergé, en longue procession, descendit de la ville, et bientôt on aperçut le monstre.

» Il était, dit la légende, horrible à voir et semblait un des produits de l'enfer. Sa gueule béante montrait, comme les dragons antiques, deux larges rangs de dents aiguës. Une écume verdâtre, mêlée de sang, découlait des deux côtés de sa mâchoire. Ils avançaient cependant avec terreur, mais aussi avec ce courage invincible que donne la foi dans le puissant auxiliaire du Seigneur. Le monstre, infatigable d'ordinaire, n'avançait pas. Il semblait méditer un mouvement terrible qui devait lui faire, de toute cette foule anxieuse, une large proie. On approche cependant. O prodige ! l'horrible serpent était immobile et sans vie. Le fléau avait cessé. A ses pieds, une armure céleste gisait en témoignage du combat surnaturel auquel le peuple devait sa délivrance : c'était un bouclier carré et une courte épée dont, du reste, la forme n'était pas connue et qui n'étaient propres à aucun usage.

» Tous tombèrent à genoux, et tandis qu'ils s'humiliaient devant la puissance du Dieu des armées, saint Michel apparut à l'évêque prosterné :

« C'est moi, dit-il, qui suis l'archange saint Michel. » Sans cesse je suis devant le trône de Dieu, et il » m'a confié la défense des hommes. J'ai tué ce » serpent. Envoie ces armes au mont qui m'est con- » sacré. »

» L'évêque accomplit cet ordre, et à la tête du peuple, il se dirigea vers le mont Gargan. Mais ils avaient beau marcher, ils n'avançaient point. A la fin, ils se dirent : « Voilà longtemps que nous marchons, et nous n'en sommes pas plus près du but de notre voyage. Nous avons passé une montagne qu'on appelle Tumba, où l'on raconte que le saint archange a opéré, par son intercession, plusieurs merveilles.

Ne serait-ce pas là qu'il faudrait déposer les armes
que nous portons ? »

» Ils arrivèrent en ce lieu sans obstacles, et dépo-
sérent sur l'autel de saint Michel, dans Tumba, le
bouclier et l'épée miraculeuse ; puis, ayant raconté
ce fait, ils le confirmèrent par serment. »

Ce n'est pas, du reste, le seul récit de ce genre que
l'on connaisse ; la fête de la Gargouille à Rouen,
l'histoire de quelques cités du moyen âge et de plusieurs saints nous offrent souvent des situations et
des circonstances toutes semblables.

Une légende complémentaire raconte que, dans la
suite, un chanoine curieux et peut-être peu con-
vaincu voulut éprouver par lui-même la puissance
de l'archange, si vénéré par la foule des fidèles.
Comme on rapportait que saint Michel et les saints
anges visitaient l'église toutes les nuits, il se cacha
derrière les piliers pour observer. Il aperçut toute
l'église éclairée et l'archange rayonnant sous les
cloîtres. Le saint patron de la France lui reprocha
son incrédulité, le réprimanda de son audace, et lui
ordonna de sortir et de faire pénitence. Il sortit, en
effet, tout effrayé, et ce fut tout ce qu'il put dire.
Trois jours après, il trépassa.

Ces événements firent grand bruit et parvinrent
aux oreilles du pieux empereur Charlemagne. Ce
prince était grandement dévot à saint Michel. Il fit
peindre sur ses étendards l'image de cet esprit bien-
heureux ; il le prit pour l'un des protecteurs spéciaux de son immense empire.

La première chapelle du mont avait été abattue environ trois siècles après sa fondation, par saint Aubert, et Richard Ier, duc de Normandie, de la famille

de Hugues Capet, fit construire à sa place une vaste
église entourée de bâtiments spacieux, destinés à
des moines réguliers de l'ordre de Saint-Benoît. Mais
cette même église fut consumée par un incendie
quelques années après, et Richard II commença la
fondation magnifique dont il reste encore aujourd'hui
une partie.

Le samedi saint de l'année 1103, au moment où
les religieux sortaient de l'église, la voûte de la nef
s'écroula, emportant une partie du dortoir, et neuf
ans après, le vendredi saint de l'année 1112, pendant
l'office des Matines, la foudre mit feu à l'église, qui
fut consumée avec tous ses bâtiments. Ce qui est
curieux, c'est qu'aucun des religieux qui assistaient
à l'office n'éprouva de mal, et que les maisons de la
ville furent épargnées.

Enfin, en 1155, un tremblement de terre se fit sen-
tir au mont Saint-Michel, et si affreux qu'on croyait
voir à chaque instant s'écrouler tous les édifices.

Les abbés qui se succédèrent, et en particulier
Robert de Thorigny, réparèrent avec tant de soin
les édifices, qu'ils les firent plus beaux qu'avant l'incendie.

Lorsqu'en 1203 la Normandie passa enfin sous
l'obéissance aux rois de France, le dix-septième
abbé Jourdan, étant demeuré fidèle à Jean sans
Terre jusqu'au bout, eut à soutenir un siège long et
pénible contre les Bretons, conduits par Guy de
Thouars, allié du roi de France, Philippe-Auguste.
L'abbé, sommé de se rendre, s'y refusa, et les Bretons mirent le feu au monastère dont il ne resta que
les édifices voûtés, l'église et les bâtiments en pierre.
Lorsque Philippe II eut soumis et pacifié tout le

Maison où est né Duguesclin.

pays, il donna lui-même l'argent nécessaire pour réparer l'abbaye, et l'abbé Jourdan s'acquitta de cette mission avec infiniment de goût et de magnificence.

VII

Guillaume de Normandie.

Après le complet achèvement du cloître par Richard de Toustain, l'auteur de la tradition célèbre dont nous avons parlé à l'égard du monastère, survint la destruction de l'église par la foudre, en l'an 1300 ; et l'incendie, dit-on, fut si intense, que le métal coulait ardent sur les édifices.

Plusieurs fois encore, en 1350, en 1374, au commencement du xvie siècle, et enfin en 1576, la foudre détruisit tantôt les bâtiments, tantôt l'église du mont; mais toujours, par le soins des vénérables abbés, dont la plupart furent vénérés dans leur mémoire comme des saints, les bâtiments détruits furent rebâtis avec plus de magnificence.

Les libéralités de nos rois leur vinrent plus d'une fois en aide, il est vrai. Ainsi Philippe le Bel aida-t-il les religieux à rétablir l'église et les bâtiments de la cité lorsqu'ils furent détruits par la foudre, et Charles VII envoya de même une forte somme d'argent en 1421, époque à laquelle s'écroulèrent la voûte du chœur, puis le chœur tout entier. C'est à cette époque que se rapporte aussi la fondation de quelques magnifiques vitraux qui ornaient l'église, et qui ont disparu depuis longtemps, ainsi que la plupart des verrières de Normandie, réputées cependant, après celles de Chartres, pour les plus belles et les plus savantes.

Le mont Saint-Michel avait déjà pris une place importante dans l'histoire de nos guerres. Il ne cessa d'être en butte aux invasions des Normands que lors de leur installation définitive dans une de nos meilleures provinces. Une fois établis sur nos côtes, ces pirates semblaient devoir être un solide rempart contre les entreprises de l'Angleterre, la vieille ennemie de nos triomphes et de notre repos. Cette époque de l'installation des Normands en France, époque où la France et l'Angleterre rivales semblent malgré elles liées l'une à l'autre sur la carte de l'Europe du moyen âge, cette époque est sans doute une des étapes les plus intéressantes de notre histoire nationale, et nous sommes fâché de ne pouvoir en parler que si légèrement. Il y aurait beaucoup d'intérêt à suivre les effets progressifs du mélange des races, tant en France qu'en Angleterre, après la conquête de Guillaume. La fusion des idiomes, des coutumes, se remarque dans les chartes publiques et privées des deux royaumes. On retrouve du vieil anglais dans des chartes normandes de 1070 et 1080, et l'ancien idiome normand se retrouve dans des manuscrits anglais du xi° siècle. Il est encore plus curieux de suivre les migrations des familles normandes à la suite du grand Guillaume après la conquête, et il y a là une mine inépuisable des épisodes les plus intéressants. Cette révolution opérée si brusquement dans le peuple aimable d'Alfred le Grand et d'Édouard le Confesseur, par une race de barbares récemment baptisés et initiés à peine aux lumières de la civilisation chrétienne, est un grand drame historique qui, comme tant d'autres, n'a point encore été mis en lumière. La raison en est simple : c'est que, pour tirer de là des romans, il faudrait être un peu historien, et l'érudition n'est pas toujours le fait des romanciers. Autrement dit, tout le monde a de l'imagination de ce temps-ci, mais tout le monde n'a pas du savoir.

Ce fut donc à la suite du conquérant que s'établirent, en Angleterre, un nombre immense de nobles familles du pays d'Avranches. C'est ainsi que les seigneurs de Soligny, de Romilly, de Pesnel, de Brecey, les Saint-Pierre-Langer, les Sourdeval et quantité d'autres se fondirent avec la noblesse anglaise, en y transportant leurs biens et en y formant des alliances. La douce et fière rare saxonne lutta vainement contre l'influence des vainqueurs ; elle fut dépossédée en faveur des barons normands, et après avoir épuisé ses forces dans d'inutiles combats, elle finit par plier sous le joug.

Les religieux du mont Saint-Michel, pour quelques revenus qu'ils avaient cédés à Guillaume, furent largement récompensés, et l'on croit que ce fut des bienfaits de ce monarque que l'abbé Renaud fit construire les bâtiments qu'on appelle encore *la Merveille*. Il fonda un prieuré dans le pays d'Avranches, et dota les religieuses de Sainte-Anne, auxquelles il envoya dans la suite ses deux filles, ainsi que nous l'apprend Prevot d'Exiles dans la vie de ce prince qu'il nous a laissée.

VIII

Les fils du conquérant.

Une histoire touchante se dégage ici des sévères annales du mont ; c'est celle du prince Robert de Normandie, l'un des fils cadets du conquérant : figure aimable et mélancolique, sortie de ce type farouche des temps barbares comme une fleur d'un rocher, un rayon de miel d'une mâchoire de lion. Ce jeune prince, héritier de Guillaume dans son duché de Normandie, avait deux frères, Guillaume, successeur au trône d'Angleterre et surnommé le Roux, et Henri, sans apanage, qui acheta de son frère aîné le Cotentin et l'Avranchin. Tandis que les trois princes s'établissaient dans leurs domaines, une faction secrète tenta d'élever au trône d'Angleterre le duc de Normandie à la place de son frère. Les factieux prirent les armes et s'enfermèrent dans Rochester. Une invasion des Gallois fit diversion un instant à cette entreprise, et Guillaume le Roux, parvenu à pacifier ses États, jeta sur la Normandie des regards pleins de courroux. Il fit jurer à tous les barons de punir son frère de cette tentative d'usurpation. Les barons jurèrent de le suivre et de servir sa vengeance. Le roi descend sur les rivages de la Normandie et dirige ses troupes sur Rouen. De son côté, Henri, à la tête de la jeune noblesse d'Avranches, court à l'aide de son frère Robert, et taille en pièces les troupes saxonnes. Guillaume n'est pas découragé par cet échec. La colère fermente dans

son cœur, et l'orgueil humilié y change en haine le
ressentiment de l'injure. Il s'avance avec une nouvelle armée, et Robert, plein d'effroi et de repentir,
demande la paix, en offrant pour prix du traité le
mont Saint-Michel et Cherbourg. Mais le prince
Henri se croit frustré dans ce partage, et se souve-
nant qu'il avait été injustement oublié dans l'héritage paternel, il rassemble lui-même des troupes et
fait sa place d'armes du mont Saint-Michel. Guillaume se joint à son frère, et tous deux établissent
leur camp sur les grèves. « C'était merveille, disent
les chroniques anglaises de cette époque, de voir,
sous les verts ombrages des côtes, toutes ces tentes
de diverses couleurs, et les bannières étincelantes
qui de loin flottaient parmi les arbres, pendant que
sur les remparts du mont brillaient les panaches, et
que le soleil, dardant sur l'acier des casques et des
lances ses rayons ardents, jetait un éclat éblouissant.
A la fin du jour, mille torches éclairaient dans la
nuit le dôme du mont, qui semblait être un météore
dans les cieux. Mais sitôt que reparaissait l'aurore,
ces braves guerriers, l'arme au poing, s'avançaient,
visière baissée, au milieu des grèves, brisant leurs
lances les unes contre les autres. Tristes témoins de
ces combats, les femmes, assises sur les coteaux,
faisaient des vœux pour leurs époux ou leurs enfants,
et alors bientôt sur la grève pleuvaient des débris
d'armes, des tronçons de lances, de casques, de
harnais et de caparaçons déchirés. La mer, mugis-
sant dans le lointain, mettait fin au champ de bataille
et le couvrait de ses flots. Bientôt Guillaume, fatigué
des longueurs du siège, résolut de prendre la place
par la famine. De la cité de Genêts où il avait assis

son camp, au village d'Arvedon, de l'autre côté du mont, il ceignit la place d'un cordon de troupes, et pendant quarante jours le camp du prince Henri fut réduit aux dures extrémités de la soif.

Au bout de ce temps, le roi d'Angleterre se rencontra un jour avec un vaillant chevalier qui brisa sa lance, et après avoir fait mordre la poussière à son blanc coursier, le tua sous lui. Il l'avait acheté, le matin même, quinze marcs d'argent. Traîné longtemps par les pieds sur le sable brûlant, il ne dut son salut qu'à l'épaisseur de sa cuirasse. Mais voilà que tout à coup le chevalier, qui l'avait renversé, saisit son épée et s'avance pour lui couper la tête. « Arrête, chevalier, s'écrie en cette extrémité Guillaume, je suis le roi d'Angleterre. » A ce cri, le guerrier baisse la pointe de son épée et la remet dans le fourreau, tandis que la foule des soldats reste interdite, et que les assiégés et les assiégeants se réunissent autour du monarque. On amène à Guillaume un cheval frais sur lequel il monte. Mais avant de se retirer, il fait avancer le vaillant chevalier qui l'a terrassé. « Avance, lui dit le roi. Qui es-tu ? — Je suis un obscur chevalier, dit le vainqueur. Je ne croyais combattre qu'un simple chevalier comme moi, car je ne pensais pas qu'un roi pût s'exposer à un grand danger; mais puisque j'ai eu cet honneur d'avoir à ma merci la vie d'un grand monarque, je demande pour toute grâce d'être conduit auprès du duc Robert. — Par la face de saint Luc, repartit le roi, tu tiendras une place parmi ceux que j'honore de mon amitié. Qu'il soit fait selon ta demande. »

Conduit au camp du duc de Normandie, l'inconnu resta seul avec lui et se jeta à ses pieds. « Je viens, lui dit-il, au nom du prince Henri, faire entendre à vos oreilles quelques paroles de paix et de douceur. Ne refusez pas plus longtemps à votre frère l'eau que Dieu accorde à tous les hommes. Il est glorieux de vaincre par la bravoure et le courage ; mais triompher par la ruse et la force n'est pas digne d'un chevalier chrétien et d'un prince valeureux. »

Le duc Robert était brave et généreux. Ces reproches touchèrent son cœur, et il accorda de l'eau à son frère.

Le roi d'Angleterre l'apprit. Il entra en colère, et lui dit avec ironie : « Eh quoi ! est-ce ainsi que vous avez appris à vaincre vos ennemis? Comment en viendrez-vous à bout en leur fournissant ce qui leur manque ? » Mais Robert, ému de compassion pour le prince Henri, lui repartit : « Préférez-vous donc l'eau à la vie de votre frère et de tous les siens? Où trouverons nous un autre frère quand nous aurons perdu celui-ci ? »

Le roi ne répliqua rien. Il se retira dans son camp. et, le lendemain, il leva le siège. Henri, à cette nouvelle, accourut. Il jeta au loin ses armes, et embrassant étroitement ses frères, leur demanda leur amitié. Cette réconciliation des trois frères dura tout le reste du règne de Guillaume le Roux.

La première croisade fut prêchée dans ce temps-là, et l'on vit Turgis, l'évêque d'Avranches, le crucifix à la main, prêcher la délivrance des lieux saints, au cri de *Diex el volt !* Dieu le veut! Toute la noblesse de l'Avranchin quitta ses antiques manoirs pour s'engager sous les drapeaux du duc Robert, qui fit des prodiges de valeur au siège d'Antioche et à celui de Jérusalem. Bien des fois son courage et les efforts de ses chevaliers soutinrent l'armée chrétienne dans les dangers, au passage des torrents et à l'assaut des forteresses. Robert déposa devant le Saint-Sépulcre ses trophées de victoire. On lui offrit la couronne de Jérusalem, et il la refusa pour revoir les chers rivages de sa patrie. En revenant de Terre-Sainte, il passa en Italie. Il y connut une charmante princesse, Sybille, fille d'un noble preux, douce et vertueuse. Il l'aima, la prit pour femme, et l'ayant emmenée dans son duché, s'en vint avec elle en pieux pèlerinage au mont Saint-Michel, pour rendre grâces à Dieu de son heureux retour, et il y demeura longtemps en retraite.

Un des plus salutaires effets de ces guerres saintes appelées *les croisades*, était surtout l'esprit de douceur et de paix qu'elles apportaient dans l'âme de tous ces rudes enfants d'une barbarie à peine effacée, pour lesquels la gloire des armes était la seule enviable, et le droit du plus fort le seul sacré. Les lointaines expéditions, saintes par leur but et leur caractère, terminaient souvent les querelles, apaisaient les haines, ouvraient les cœurs à la miséricorde ou au repentir. C'est ce qui était arrivé pour les fils de Guillaume; mais rendus à leurs foyers, à leurs convoitises et au brutal exercice de leurs droits, les passions mauvaises s'agitaient de nouveau en eux et les désordres recommençaient.

Ces frères, que l'esprit de paix avait touchés et réconciliés, redevinrent ennemis à la mort de Guillaume le Roux, qui laissait sans héritier direct le trône d'Angleterre. Robert et Henri mesurèrent leurs prétentions à l'héritage de leur frère. Des courtisans intéressés les excitaient tous les deux à soutenir

leurs droits l'épée à la main. Tout l'Avranchin fut
bientôt rempli de terreur et de maux. Les gémisse-
ments des femmes, les signaux de guerre, les cris
funèbres des oiseaux de mer remplissaient les monts
et les vallées ; les enfants et les vieillards fuyaient
épouvantés.

Tandis que les frères préparaient les camps ennemis, une comète parut tout à coup dans les cieux, et
cette étoile flamboyante, présage redouté, répandit
parmi les guerriers l'effroi et le remords. Mais cet
avertissement du Ciel n'éteignit pas la haine dans le
cœur des deux princes. Ils agitèrent leurs lances et
en furent bientôt aux mains. Henri était roi, ce fut
lui qui donna les premiers coups, et d'abord le brave
Robert fit ployer les Anglais ; mais malgré sa valeur
et le courage de ses braves Normands, son armée fut
mise en déroute par la cavalerie bretonne. Ce prince,
brave et infortuné, forcé de se rendre, fut fait prisonnier. Ses lauriers furent brisés. Traîné comme un
vil esclave dans les fers, au fond d'un affreux cachot,
il y gémit trente ans, oublié de sa parenté et de ses
amis ; nul Blondel ne vint délivrer ce royal captif.
De cruels bourreaux lui arrachèrent les yeux, et il
mourut abandonné de l'univers entier qui avait re-
tenti de ses aimables vertus et de ses exploits.

IX

Les rois suzerains.

Au commencement du xiiie siècle, régnait sur la
France un de nos plus glorieux monarques, Phi-

lippe-Auguste. Ce grand roi, souvent méconnu par
les historiens, par les modernes surtout, avait de
solides vertus, dont plus tard saint Louis vénérait le
souvenir, et ce modèle des rois n'oubliait jamais de
rappeler dans ses prières quotidiennes *la mémoire
chérie de son vénérable aïeul,* disait-il. Après le meurtre
odieux du jeune Arthur de Bretagne, le premier mouvement de Philippe fut celui d'une juste indignation.
Comme suzerain du roi d'Angleterre et comme roi
de France, il cita Jean sans Terre à comparaître
devant la cour des pairs. La duplicité soupçonneuse
du monarque anglais le retint prudemment dans ses
États ; il ne parut point. Ses terres furent déclarées
forfaites, et les Bretons furent invités à prendre les
armes.

Le beau-père du jeune prince assassiné, à la
tête d'une nombreuse armée, attaqua le diocèse
d'Avranches. Le mont Saint-Michel fut assiégé, et les
Bretons, tantôt vainqueurs, n'ayant pu entrer dans
l'abbaye, jetèrent le feu dans la cité. Excepté les
murs et les voûtes, tout fut réduit en cendres. Le duc
de Bretagne prit Avranches, défit ses fortifications
et soumit tout le diocèse. Le roi de France venait de
soumettre la Haute-Normandie ; il céda au duc de
Bretagne toute la chaîne de forteresses qu'il avait
conquise, et ce prince, après avoir récompensé les
seigneurs qui l'avaient accompagné, se fit prêter
serment par les nobles du pays. La plupart ne se
firent pas prier, ayant été récemment dépossédés et
maltraités par le roi d'Angleterre. Enfin, peu après,
l'Avranchin retourna tout à fait au roi de France,
par la révolte du duc de Bretagne et du vicomte de
Thouars. Dans cette révolte, la plus grande partie

des seigneurs bretons demeurèrent fidèles au roi
Philippe, et ceux-là conservèrent leurs biens.

Le moine Rigord, chapelain et médecin du roi de
France, et qui a écrit son histoire, raconte plaisam-
ment qu'un des Seigneurs révoltés, Renaud de Bou-
logne, après avoir bien fortifié son château de Mortain et l'avoir garni de gens armés, le munit de
provisions de bouche fines et délicates, qu'il avait
fait venir à grands frais. Il s'établissait en sécurité
au milieu de son abondance, lorsque, sommé par le
roi de remettre la place, ce prince s'en empara après
un siège très rapide. Il va sans dire que les troupes
royales firent main basse sur ces friandises, et le
comte Renaud vit avec désappointement passer dans
la bouche des autres tout ce qu'il avait fait préparer
pour lui-même. On ne dit pas s'il regretta ses peines
et son argent.

X

La trahison.

La domination des rois de France fut très favorable au peuple de l'Avranchin. La noblesse fut
moins bien traitée. Par suite d'une excellente mesure
politique qu'on ne saurait blâmer, plusieurs barons
furent obligés d'opter entre leurs propriétés d'Angleterre et celles qu'ils avaient sur le continent.
« Nous les avons vus, s'écriaient les paysans normands, passer la mer pour aller manger le pain de
douleur sur la rive étrangère. »

Un assez grand nombre de seigneurs se fixa donc en Angleterre, et l'un d'eux, Eustache de Vescey, devint dans la suite maire de Londres et l'un des principaux rédacteurs de la grande charte qui régit plus tard les Anglais. Un autre, de la famille d'Avenel, le même qui a fourni à l'un de nos plus charmants petits opéras son principal personnage, fut établi bailli de Penbroke.

A l'occasion de sa conquête, Philippe-Auguste donna à l'abbaye du mont Saint-Michel une somme considérable, pour être employée à réparer la ville, le monastère et l'église. Il fit aussi bâtir un fort sur le mont Tombelène, parce qu'il craignait que les Anglais profitassent de cette situation pour diriger leur attaque contre le mont. Depuis nos premiers Capétiens jusqu'à nos princes, il est facile de constater toujours et partout cette même sollicitude et cette défiance instinctive et héréditaire envers nos voisins d'outre-mer. C'est que nos rois connaissaient bien nos ennemis !

Il y avait alors dans l'Avranchin une noble et illustre famille, celle des seigneurs de la Haye-Pesnel. Leur nom est célèbre dans l'histoire du mont Saint-Michel. Nous en détachons, en abrégé, l'histoire du baron Foulques, qui mérite cet honneur par l'éclat de sa trahison et de son repentir.

Ce seigneur, ambitieux et turbulent, comme la noblesse normande, avait cessé d'être fidèle au roi de France, son suzerain. Séduit par les Anglais et par le duc de Bretagne, il s'était joint aux révoltés, et, cantonnés dans Saint-James, ils attendaient les secours de Henri III, roi d'Angleterre, successeur de Jean sans Terre. La reine Blanche, veuve alors de

Louis VIII si bien appelé Cœur de Lion, gouvernait sagement le royaume de France pour son jeune fils Louis ; et le cardinal Romain, son ministre, voyant que l'armée des révoltés croissait de jour en jour, fit aussitôt partir à la tête des troupes le jeune roi Louis IX, âgé de quatorze ans environ. Cet aimable prince, bien que la faiblesse de son âge lui permit à peine de supporter le poids d'une lourde armure, fit présager en cette journée ce que sa valeur serait plus tard. Il emporta Saint-James dès le premier assaut, du haut de Tombelène qu'il assiégeait ; il encourageait par sa vaillance les Normands qui lui étaient restés fidèles, et qui, sur leurs montagnes agitaient leurs lances impatientes, lorsqu'il crut voir s'avancer de nouveaux ennemis. Un homme de grande taille et entièrement couvert d'une armure noire était à leur tête. Ce seigneur n'était point un ennemi : c'était Jean des Vignes, le plus courageux des guerriers après le roi de France. Louis reconnut son fidèle serviteur, et il remercia le Ciel, la victoire était gagnée. Le combat était rude cependant, et sous les murs roulèrent les lourdes machines de guerre. Une nuée de flèches courut dans l'air. Les assiégeants plantèrent des échelles et montèrent sur les épaules les uns des autres, les chevaliers se jetèrent dans les rangs ennemis, et on combattit corps à corps, la rage dans les yeux et l'héroïsme dans le cœur. Après bien des alternatives, les seigneurs de Pesnel, pleins de colère, furent contraints de se retirer. La tradition rapporte que le baron Foulques fit ferrer ses chevaux à rebours pour tromper les cavaliers qui le poursuivaient : ruse de Normand ; mais se sauve qui peut !

Ce combat est resté célèbre dans les annales de la Normandie et du mont Saint-Michel. La ville de la Haye-Pesnel, qui était encore un lieu considérable, à demi démolie, ne fut plus habitée que par des étrangers fugitifs ou errants. Au xve siècle, elle était réduite au petit bourg que l'on voit aujourd'hui.

Le château seigneurial des barons de Pesnel fut abattu, et les peuples voisins lui donnèrent le nom de *Ganne*, qui signifie trahison, parce qu'en latin *gannire* exprime le cri du renard, le symbole de la ruse et du mensonge ; comme en italien *ingannare* signifie encore tromper. C'était aussi en mémoire du seigneur de Ganne, ce chevalier félon du temps du bon roi Charlemagne qui se laissa gagner des Sarrasins et fut cause de la mort du fier Roland et de ses braves chevaliers.

Le peuple fidèle croyait qu'une malédiction mystérieuse planait sur les sombres créneaux de ce manoir, et ses ruines délaissées devinrent la retraite des oiseaux de nuit au cri sinistre. On prétendit longtemps que ces décombres recouvraient des monuments précieux et de riches trésors ; mais personne ne s'en assura jamais, car nul n'eût osé pénétrer dans ce lieu maudit depuis que la justice du roi y avait fait tomber la foudre de ses vengeances.

XI

Le repentir.

Malgré tout le mal que les historiens — nos historiens français surtout — aient dit à plaisir des Français d'autrefois, tant sujets que rois, on n'y compte pas les tyrans, les traîtres et les débauchés en aussi grand nombre qu'on voudrait nous le faire croire. Le sang français a toujours été loyal et généreux. C'est le jugement même de nos rivaux et de nos ennemis, et c'est sans doute par humilité que nos historiens modernes ont pris si bien à tâche de nous prouver le contraire.

En effet, il est assez étrange — et nous ne le comprendrons jamais — que pour faire triompher simplement un parti politique ou une opinion individuelle, un écrivain ne recule pas à dénaturer les faits qui la contrarient, et à dénaturer, ce qui est pis, le caractère de toute une nation, et de la sienne encore !

Les désastres de sa maison, la honte dont sa trahison avait entaché son noble nom, et dont le mépris public, ce grand justicier d'alors, devait poursuivre ses descendants, firent rentrer en lui-même le baron Foulques. Il comprit l'étendue de sa faute aux proportions de son châtiment, et chercha en lui-même comment il pourrait se racheter envers la France, le roi son maître, et la postérité.

A cette époque, vint retentir encore le fameux cri de *Dieu le veut !* ce cri de notre antique ferveur, signal des guerres saintes des croisades. Toute la France se signait de la croix et s'en allait suivre son roi à travers les périls et les hasards de ces dernières entreprises lointaines. Le baron Foulques, saisi de repentir, jura de laver dans son propre sang l'outrage qu'il lui avait lui-même infligé. Il courut aux pieds du roi, s'humilia en confessant son indignité, et le supplia de lui octroyer la faveur de le suivre sur la Terre Sainte, et de payer en gloire et en courage la rançon de son honneur. Louis était le plus miséricordieux des juges et le plus équitable des rois. Il fut touché du repentir du baron, il le releva avec bonté, lui accorda son pardon et l'emmena en Palestine.

Foulques voulut que son repentir fût aussi éclatant que sa faute et sa disgrâce. D'accord avec les héritiers, il consacra la plus grande partie des biens qui lui restaient au soulagement des misères publiques, et peu après, il suivait son royal maître sur les rivages étrangers où l'Église et la France, ces deux grandes civilisatrices du monde, allaient défendre nos plus chères reliques et secourir les chrétiens opprimés.

Un jour — c'était la veille de Damiette, — le roi, le digne fils de Louis Cœur de Lion, entouré seulement d'un groupe de ces braves chevaliers, disputait la victoire à toute une troupe de Sarrasins. De nouveaux ennemis accouraient au loin, et quelques-uns des fidèles sujets qui faisaient de leur corps un rempart à la personne auguste de leur roi, écrasés par le nombre, ne résistaient plus qu'à force d'héroïsme à cette lutte inégale et féroce. Plusieurs étaient tombés expirants. Le roi, cette individualité sainte qui résumait toute la nation alors, demeura enfin, sans autre défense que son courage, aux prises avec ses farouches ennemis. Plusieurs fois déjà, Louis s'était dégagé d'entre eux ; — car quel héros égala jamais dans les chances inégales de la vie ce prince à la fois fort comme le lion et doux comme l'agneau ? — mais que peut la valeur contre le nombre implacable ? A ce moment survient dans la mêlée un inconnu, revêtu d'une armure grise. La visière baissée de son casque cache son visage à tous les yeux. Il pénètre, suivi de trois chevaliers vêtus comme lui, au cœur de ce groupe terrible où le roi, resté seul, défend héroïquement l'honneur du nom français contre la fortune la plus contraire. Le nouveau venu n'hésite pas; il frappe à droite, à gauche, parvient jusqu'au roi, l'arrache au carnage. Ses trois chevaliers font au prince un rempart de leur corps, et le Dieu qui protège la France leur ouvre un chemin : Louis est sauvé !

Le roi veut connaître son libérateur; mais à peine a-t-il la force de se nommer, car tout son sang s'échappe de sa blessure. Le fer d'un Sarrasin avait traversé sa cotte de maille. On lève sa visière : c'est Foulques de Pesnel.

« Ah ! sire, dit-il, le Seigneur a agréé le vœu de mon repentir. Mon sang infidèle a coulé à la place du plus pur sang de la France. Bénissez votre serviteur repentant; et Dieu sauve le roi ! »

Il mourut dans les bras de son maître. Ainsi fut réhabilité et lavé de félonie le noble nom de la Haye-Pesnel, qui avait été jusqu'à la trahison de Foulques une des gloires de l'Avranchin.

Plus tard, saint Louis, poursuivant la pensée de Philippe-Auguste et de Louis VIII, son père, travailla à acquérir définitivement l'Avranchin, et il y réussit en gagnant la chaîne de forteresse qui défendaient la Normandie. Quand l'Avranchin fut ainsi tout à fait soumis à l'obéissance du roi, la liberté et le bonheur y régnèrent. Ce fut un nouveau membre de la grande famille de saint Louis.

XII

Nicolas le Vitrier.

En 1350 et en 1374, la foudre consuma de nouveau une grande partie des bâtiments du mont Saint-Michel. Ce fut grâce aux soins et aux talents de Nicolas le Vitrier, un de ses abbés les plus remarquables, que ses désastres furent sitôt réparés.

Ce surnom de *Vitrier*, que son époque donna à l'abbé Nicolas, lui vint sans doute de son goût à décorer les vitraux, ce qui était alors un art délicat et en grand honneur.

Il ne fut pas le seul homme remarquable qu'il y ait eu dans la série des abbés de Saint-Michel, nous avons encore d'autres noms à citer. Mais pas plus que les autres, il n'a reçu de la postérité ingrate et oublieuse la justice à laquelle sa belle conduite et sa vie studieuse avaient droit. On n'a eu garde de glisser ainsi sur le peu de scandales qui marquent de loin en loin nos mémoires et nos chroniques. Combien il y a de ces héros obscurs qui ont droit au souvenir et à la vénération de tout bon Français, et dont, à part quelques érudits, personne ne sait le nom ; tandis qu'on a fouillé, jusque dans l'ombre la plus mystérieuse, la vie de tel ou tel héros d'aventure, qui ne fût jamais sorti de l'obscurité si sa vie n'eût prêté à des développements fantastiques, s'il n'eût servi de type à un roman ou de prétexte à un bon mot !

Et voilà comment on écrit l'histoire, dirons-nous aussi.

Le moindre des mérites des abbés du mont Saint-Michel fut l'érudition. Quelques-uns y joignirent même de hauts faits d'armes, et Nicolas le Vitrier fut un de ceux-là. Obligé de garder lui-même la forteresse du mont pour la conserver au roi, il y défendit si bien la cause de la patrie contre les Anglais, qu'il fut le premier abbé établi gouverneur et capitaine de la ville et de l'abbaye, de l'autorité de Charles V, depuis roi de France et alors duc de Normandie.

XIII

La famille de Duguesclin.

La France était alors au plus fort de cette longue et malheureuse période de cette lutte avec l'Angleterre, la vieille ennemie de sa gloire, la complice de tous ses revers. L'Avranchin fournit au roi ses plus illustres capitaines : Raoul de Guiton, Jean de la Haye-Pesnel, Ives de Chéruel, Guillaume de Thieuville, les seigneurs de Husson. Mais malgré leur défense, la ville d'Avranches fut assiégée mieux que jamais, après que Charles le Mauvais, ayant fait assassiner Charles de la Cerda, allié du roi de France, attira la guerre de ce côté.

Un héros fut envoyé pour s'opposer à ces désastres : c'était Duguesclin. Cet illustre capitaine avait coutume de se retirer à Sacey, sur les terres de sa mère, Jeanne de Malesmains, appartenant à la vieille noblesse de l'Avranchin. C'était là qu'il se délassait de ses laborieuses campagnes, et souvent il renfermait dans le fond de son donjon ses prisonniers de guerre. La contrée l'environnait de respect et de louanges, et son nom était vénéré et connu jusque sous le chaume. Ici, dans le coin d'un bois écarté, il avait été appelé en combat singulier avec un Anglais d'une taille gigantesque. On assurait que les armes de cet étranger étaient enchantées, et que la vaillante épée du héros avait vaincu au nom de la croix les artifices de l'enfer. Ailleurs, il avait livré, avec quelques compagnons d'armes, un mémorable combat où cent vingt Anglais étaient tombés sous sa hache. On montrait aussi aux petits enfants un lieu où il avait gagné cent louis d'or. Ses armes étaient bénites, et il avait fait mordre la poussière aux ennemis de la France les plus redoutables.

Il arriva donc à la tête de ses compagnies. Pour récompenser la noblesse d'Avranches, il donna sa plus jeune sœur à Praslin de Husson. Le pays eut beaucoup à souffrir, mais Duguesclin ne permit pas que les armes fussent déposées avant que l'ennemi fut repoussé. Sa glorieuse et héroïque famille prit part à sa renommée. Son épouse et sa sœur, Julienne Duguesclin, religieuse, se trouvant alors seules et sans défense dans le château de Pontorson, un capitaine anglais, Felleton, apprit cette circonstance favorable et se hâta d'en profiter. Dans le silence de la nuit, suivi de quelques soldats, il arrive aux portes de cette forteresse où il s'était ménagé des intelligences avec deux chambrières de la dame Duguesclin. On donne le signal convenu, et quinze échelles se dressent en même temps contre les murs de la tour. Mais l'épouse de Duguesclin, réveillée tout à coup, s'élance aux portes en s'écriant qu'on attaque la place. La jeune religieuse, Julienne Duguesclin, suit sa sœur, et cette fille intrépide, si digne du sang qui coulait dans ses veines, se saisit de la première armure qu'elle trouve, court au haut de la tour, renverse les échelles et crie alarme à la garnison. Réveillés en sursaut, les soldats courent sur les remparts, et les Anglais, confus et épouvantés, se retirent en désordre. Au même instant, et comme s'il eût été averti en secret par une inspiration du Ciel, Duguesclin revient. Il aperçoit de loin, à la faveur des premières clartés de l'aurore, et fuyant avec les ombres flottantes, les ennemis consternés. Ce héros les poursuivit vigoureusement, et force leur chef à se rendre. C'est de la bouche de Felleton lui-même qu'il apprend la trahison des deux chambrières. Duguesclin a l'âme généreuse comme son sang, et pleine de miséricorde; mais sa justice est inflexible pour les traîtres : il fait jeter les deux servantes infidèles dans la rivière qui baignait les flancs des tours.

La dame Duguesclin était une noble et puissante châtelaine, en haute renommée de piété et de courage. Elle se nommait Tiphaine, et était fille du vicomte de la Bellière. Son esprit subtil, et les secrets de la science qu'elle unissait à une beauté remarquable, la faisaient désigner, par les habitants de Bretagne et de Normandie, sous le nom de *Tiphaine la Fée*. Avant d'armer, pour la guerre d'Espagne, son vaillant époux, elle lui demanda la permission de venir habiter le mont Saint-Michel. Duguesclin fît construire pour elle un beau logis dans le haut de la ville, et il la conduisit lui-même à sa nouvelle résidence. Des débris de murailles où croît la mousse, quelques vieux arceaux couverts de lierre, dessinent encore aux yeux des voyageurs la place occupée jadis par cette maison célèbre. Tandis que son maître et seigneur guerroyait pour le roi de France, Tiphaine la fée trompait les longueurs de l'absence en étudiant les astres et en observant leurs influences bienfaisantes ou malignes. L'aurore la trouvait presque chaque jour sur les hauteurs de ce roc, calculant, dressant des expériences. La fidèle épouse rapportait au profit du héros qu'elle aimait uniquement toutes ces découvertes, fruit précieux de ses veilles. Elle analysait et annotait soigneusement toutes les révélations de la science. Sa tendresse craintive et souvent alarmée entourait alors de ses défiances le téméraire capitaine de Charles V. Mais là encore n'était pas tout son mérite. Elle savait assister généreusement l'infortune, et plus d'un soldat ou d'un pauvre capitaine qui la venait visiter dans son honorable solitude, en revint chargé de ses libéralités. L'historien dom Huynes dit qu'elle employa de cette sorte cent mille florins que son époux lui avait laissés en garde. Et ainsi elle décida un grand nombre de soldats à aller retrouver en Espagne son mari et à combattre avec lui.

Il existait encore, il y a seulement quelques années, un petit cahier manuscrit, en vélin, avec des figures cabalistiques, des majuscules coloriées et des vignettes gothiques, qui, dit-on, était soigneueement conservé dans une paroisse de Normandie. C'était le manuscrit de Tiphaine la Fée, où elle avait inscrit le résultat de ses travaux astronomiques. Là se trouvaient des éphémérides indiquant les influences des astres et la prédiction des jours mauvais. Au commencement de chaque mois, un vers latin, car le latin

JEANNE D'ARC

entrait de rigueur dans l'éducation des grandes dames
d'autrefois, indiquait les jours mauvais. Ainsi le
premier et le septième jour de janvier étaient néfastes. L'influence maligne des astres, en février,
s'exerçait le troisième et le quatrième jour. En mars,
le premier et le neuvième jour n'épargnaient ni celui
qui buvait ni celui qui mangeait. Le dixième et le
onzième jour étaient des jours de deuil. Dans le mois
d'août, le premier jour n'épargnait pas les forts, et le
second détruisait une cohorte. En septembre, le
troisième et le dixième faisaient sécher les membres.
Enfin décembre, au septième et au dixième jour, était
rempli de poisons.

Duguesclin avait emporté à la guerre des tablettes
dans lesquelles Tiphaine avait coté les jours néfastes,
et il se trouva tout justement que, le jour qu'il fut
fait prisonnier et qu'il vit tomber à ses côtés le comte
de Blois, il vit, en ouvrant ses tablettes, que ce jour
était un de ceux où il lui était recommandé de ne
rien entreprendre. La dame Duguesclin vécut longtemps au mont Saint-Michel, ne s'absentant que très
rarement, comme il était d'usage dans la vie des
femmes de bonne renommée alors. Elle y demeura
jusqu'en 1374, et ne le quitta que pour aller mourir
à Dinan d'un asthme qui abrégea sa belle et vaillante
vieillesse.

XIV

Les abbés du mont Saint-Michel.

En ce temps, l'abbaye du mont Saint-Michel floris-
sait sous le gouvernement de Geoffroy de Scroon et
de Pierre Leroy, et il sembla que la Providence eût
voulu mesurer le mérite et le courage des gouver-
neurs du mont aux difficultés des temps. Déjà on n'entendait de tous les côtés que bruits de guerre, cliquetis d'armes, récits d'aventures guerrières. Dans
toute la Normandie, il ne restait que le mont Saint-
Michel que l'ennemi n'eût pas encore dévasté ; Tombelène était pris. C'était encore le temps où l'évêque
et le moine quittaient souvent la crosse et le bré-
viaire pour l'épée. L'abbé Geoffroi suivit le noble
exemple que quelques-uns de ses prédécesseurs
avaient déjà donné : il quitta sa cellule pour courir à
la défense de sa patrie menacée, à la tête de ses
religieux, transformés en soldats ; et pendant quelque
temps, les galeries du cloître demeurèrent silencieuses
et les longues ombres des moines ne se dressèrent
plus sous les sombres arceaux.

A cette époque, croit-on, se rapporte une ordon-
nance du roi Charles V, arrêtant qu'il serait défendu
d'entrer dans l'abbaye avec des armes, et l'on croit
que ce fut en mémoire de l'invasion de Jean Boniant,
vicomte d'Avranches, qui, portant un grand cutel à
pointe, dit la chronique, s'est efforcé naguaire d'entrer en la dicte abbaye avec plusieurs autres compagnons. »

Le mont Saint-Michel gagna encore beaucoup à l'administration de Pierre Leroy, le Suger de son siècle. Ce grand homme fut moine, ministre et capitaine tout à la fois. Le monastère dut à son génie et à ses vertus religieuses d'honorables réformes. Ses règlements et constitutions, où respiraient la droiture, la prudence, la justice, révélèrent son mérite au roi Charles VI dans un voyage pieux que fit ce monarque au mont Saint-Michel. Revenu à Paris, ce prince pensa à faire son conseiller de l'abbé Pierre Leroy ; il l'appela auprès de lui, lui assigna mille francs de pension et lui confia ses plus importantes affaires. L'abbé se gagna pour toujours l'affection du roi, et resta jusque dans l'infortune son plus sincère et loyal ami. Il avait acquis aussi les bonnes grâces du Pape dans un voyage qu'il fit à Pise, lors du concile de 1400. Fort de ces illustres amitiés et peut-être de son propre mérite, cet abbé fut le premier qui ait fait apposer en l'abbaye les armes de sa maison qu'on voyait encore naguère sur une des chaises du chœur qu'il avait fait faire. Si notre temps ombrageux se scandalise de trouver des blasons en pareil lieu, je lui répondrai qu'il n'y faut pas voir autre chose qu'un us de cette époque ; que la vanité nobiliaire est précisément une faiblesse de nos temps modernes, et que nos aïeux du moyen âge, qui usaient de leur blason comme d'une signature, était de meilleure foi, en tout cas, dans leur naïve vanité que la plupart d'entre nous dans notre hypocrite humilité.

XV

Français ou Anglais.

Mais nous voilà un peu loin des abbés du mont
Saint-Michel et des guerres d'Angleterre, quoique
cette période de l'invasion anglaise ne soit pas la
moins intéressante de nos étapes historiques. C'était
vers 1412; et les Anglais, dont le système politique
a toujours été d'entraver nos prospérités ou de profiter de nos revers, attirés par les troubles qui déso-
laient le royaume à cette époque douloureuse de la
démence de Charles VI, ne manquèrent pas de se
montrer sur les rivages de la Normandie au moment
où on pensait le moins à eux, et leur roi commença
ses spoliations par plusieurs abbayes de l'Avranchin,
auxquelles il enleva leurs revenus. Déjà, sous
Charles V, ils avaient témoigné leur ambition hostile
en s'emparant de Tombelène, d'où ils avaient été
promptement chassés, dit un historien du temps,
« par le moyen et aux pourchaz coustages et dépends
des religieux et habitants du Mont et d'Avranches. »
Ce poste retomba en leur pouvoir, avec une partie
du diocèse d'Avranches, où ils établirent un gouverneur à eux, Jean de Gray. La faible garnison d'A-
vranches capitula bientôt aussi; cette ville ouvrit
ses portes après un siège de quelques jours, et les
Anglais ne s'arrêtèrent guère plus dans la voie de
leurs triomphes. Ils en usèrent comme les vaincus
devaient s'y attendre, le plus largement qu'ils purent,
et ils s'enrichirent de confiscations et de pillage. Les

plus importantes spoliations se firent au profit des ducs de Bedford, des comtes de Suffolk et de quelques puissantes familles d'Angleterre, celles de Glacidas, de Nessefeld, de Trolopp, de Swinford ; et on peut bien penser qu'ils ne furent pas embarrassés de partager le reste.

Le roi d'Angleterre ne prit pas de demi-mesures. Il fallut se ranger à son obéissance ou se laisser déposséder de la façon la plus arbitraire. A cette époque, la monarchie avait son culte en France ; le peuple ne jetait point l'anathème aux princes malheureux. La fortune n'avait point encore fait de rois en France ; le droit seul menait au trône, et on aimait le roi, quand même on eût pu détester l'homme couronné. La province de Normandie, il faut le dire à son honneur, garda noblement la fidélité au roi de France. Un registre qui fut dressé par les ordres du roi d'Angleterre à cette époque, nous a transmis les noms des félons sujets du roi Charles qui eurent la lâcheté de reconnaître la domination anglaise, et les noms plus nombreux des familles qui préférèrent l'oppression au déshonneur ; qui, dans l'exil ou l'indigence eurent le noble courage de résister aux séductions dont l'usurpateur entoura leur fidélité. Peuple et noblesse s'unirent dans un serment sacré, prêts à mourir pour la France et le roi, ou à chasser l'ennemi. Et une troupe de ces héros, s'étant enfermés dans le mont Saint-Michel, conservèrent au roi ce poste important au milieu des périls et des plus rigoureuses épreuves. Ce qui sert à prouver clairement qu'il y a eu du patriotisme en France bien avant les patriotes.

Encore parmi le petit nombre de traîtres que comptait le registre du roi d'Angleterre, combien y eut-il de vieillards, de veuves, de familles sans chef et sans protection ! Dans ce temps de calamités et de désastres, on eût pu voyager tout un jour sans trouver un habitant dans les bourgs, ni un champ cultivé dans les campagnes. Et cependant, à la vue de ces seigneurs, de ces riches propriétaires qui trahissaient sans rougir leur patrie et leur serment, le peuple s'emportait en des éclats sublimes de fierté nationale et de généreuse indignation ; et les femmes, filant à la porte de leurs chaumières dévastées, élevant dans leurs bras leurs enfants, leur disaient, en désignant de loin les châtelains fugitifs : « Vois ce baron, mon fils ; il vient de trahir son roi : le traître est déchu de noblesse ! »

Il y eut, à l'occasion de ce schisme national, comme plus tard dans les guerres de religion, plus d'un épisode douloureux au milieu de ces divisions. Plus d'une famille eut son drame caché. Le frère reniait son frère en le voyant passer sous la bannière ennemie. Le père maudissait son fils qui avait acheté la vie et les honneurs aux chers dépens de l'honneur national. Le jeune homme repoussait sa fiancée entraînée loin du sol natal pour sauver les jours ou la liberté de son vieux père.

Une mère, la dame Guillemette-aux-Épaules, veuve de Messire Raoul Guiton, brave et loyal chevalier normand, venait jurer fidélité à Henri et lui rendre hommage pour ses terres, malgré les larmes et les prières de son fils Jehan Guiton, qui la suppliait de ne point entacher de félonie le nom d'un père vénéré. Ce fidèle sujet ne put fléchir sa mère. Séduite par les promesses du conquérant et l'amour des biens de ce monde, elle préféra sa sûreté et ses richesses à son fils et à la noblesse de son nom ; elle partit accablée des malédictions du peuple.

Jehan Guiton racheta dignement la trahison de la dame Guillemette-aux-Épaules, sa mère, et celle de Guillaume Guiton, son oncle. Pendant que les rebelles allaient servilement et tête nue fléchir le genou aux pieds du monarque anglais, et prêter foi et hommage à l'usurpateur, leurs mains dans les siennes, ce jeune et brave chevalier, reniant hautement cette indigne parenté, appelait au secours de la patrie menacée la brave noblesse de Normandie, dont presque tous les fiefs et manoirs avaient été donnés par le vainqueur à ses courtisans et à la noblesse anglaise.

L'évêque d'Avranches et l'abbé du mont Saint-Michel venaient aussi de refuser leur serment au vainqueur. Cet abbé était Robert Jolivet, qui, à l'approche des Anglais, fit élever, pour la défense du mont, cette irrégulière mais belle enceinte de tours et de bastions qu'on y admirait.

On aime à voir le clergé, la noblesse et le peuple unis dans cette fidélité au roi, dans ce sentiment national, l'âme de notre vieille France, qui a vivifié si longtemps les membres de ce grand corps quelquefois souffrant, mais toujours debout, qui a enfanté toutes nos grandeurs et nos prospérités. Le clergé du moyen âge, surtout, ce clergé si courageux, si intelligent et si équitable en général, est digne des souvenirs de la postérité. Comme la noblesse, il eut quelquefois ses faiblesses et ses défections, mais si rares que nous n'en pouvons faire que cette citation : on vit dans la suite ce même abbé Jolivet, si loyal et si vaillant, abandonner tout à coup cette fière atti-

tude, et devenir le principal conseiller du conquérant ; mais on en est tout aussitôt consolé, en lisant
la noble résistance du chapitre de Mortain, dont les
chanoines perdirent à ce glorieux dévouement presque tous leurs biens.

XVI

Détresse et victoire.
Jehan Guiton et le comte d'Aumale.

Les guerres de cette époque sont trop fécondes en
incidents historiques pour que les proportions de
notre travail nous permettent de les recueillir en
grand nombre. Nous ne parlerons ici que des expéditions les plus intéressantes dont le mont Saint-
Michel et l'Avranchin furent le point de départ. La
première fut celle dont le roi de France confia la
conduite à Jean d'Harcourt, comte d'Aumale, et alors
gouverneur du mont. Ce capitaine, à la tête des seigneurs de Clinchamps, de Pesnel, de Sohlerel, de
Crux, de Sourdeval, de la Lugerne, de Chéruel, de
Verdun, s'élança au-devant de l'armée ennemie pour
lui fermer le passage. Pendant vingt ans , cette
poignée de braves osa soutenir sur ce roc escarpé
une cause désespérée, à l'abri de « son bon droit »
et de l'épée victorieuse de l'archange qui faisait
jaillir au soleil ses éclairs menaçants. Et pourtant,
est-ce un prodige de la foi ardente de ces temps che-
valeresques, ou un miracle de l'intercession de l'archange victorieux? Pendant vingt ans d'attaques et
de sièges, et tandis que le duc de Glarence, ce lion

d'Angleterre, faisait flotter le drapeau anglais sur tous les points importants de la France, les tours du mont Saint-Michel portaient fièrement le noble étendard blanc aux fleurs de lis d'or ; et c'est là ce qui étonne tous nos historiens nationaux. On voit d'ici toute cette belle et vigoureuse noblesse normande, revêtue d'armes étincelantes et portant sur ses écus les marques de sa gloire antique. Au loin reluisaient sur les boucliers la couleur blanche, symbole de pureté et de foi ; les pièces jaunes (or), qui marquaient la richesse et la force ; la couleur rouge (*gueula*), qui indiquait la vaillance ; l'azur, symbole céleste de la beauté dont l'idéal est au ciel, et de la bonne renommée qui conduit au salut.

C'est dans ces combats que le brave Jehan Guiton paya en gloire au roi de France la défection de deux membres de sa famille. Un capitaine anglais, d'une taille si gigantesque et d'une valeur si formidable que quelques-uns l'avaient cru armé d'une puissance surnaturelle, eut l'honneur de retarder lui seul la victoire des capitaines français. Jehan Guiton alors se détache de la mélée où il combattait aux côtés du comte d'Harcourt, et fond sur l'ennemi qu'il renverse d'un adroit coup de lance. Il saute à terre, il va l'égorger ; mais l'Anglais se débarrasse de ses étriers et se défend vaillamment. Leurs poignards se brisent, ils jettent les débris de leurs armes, et se saisissant corps à corps l'un l'autre, ils se tiennent étroitement serrés. Guiton, plus souple, fait tomber son adversaire, mais il est entraîné dans sa chute. Enfin il se relève fort et victorieux, et va suspendre à l'autel du grand archange, protecteur de la patrie, le bouclier, la lance et les éperons de son redoutable ennemi.

Consternés de cette défaite, les Anglais se retirent, et les héros normands rentrent dans le mont, il était temps. Déjà, au loin, la mer faisait retentir ses sourds mugissements, et ses flots menaçaient le champ de bataille. On se retira en hâte, et les flots montaient et gagnaient la grève. Des blessés gisaient çà et là, poussant des cris lamentables. On ne put les enlever : ils furent engloutis dans l'abîme.

Le comte d'Aumale, toujours accompagné de l'infatigable Jehan Guiton, continua ses fréquentes excursions dont le mont Saint-Michel fut toujours le théâtre. Un de ces sièges les plus remarquables fut celui de 1423. Les Anglais, alors à l'époque de leurs succès, avaient une artillerie formidable, quinze mille hommes d'armes, des bastilles tout autour de la place, et sur mer une immense quantité de petits bâtiments de guerre. La Normandie donna dans ce danger imminent tout ce qu'elle avait de plus vaillants et de plus nobles guerriers. Tout le trésor héraldique de la vieille Neustrie était là. Parmi ces noms, autrefois encore inscrits devant l'autel de Saint-Sauveur, en l'abbaye du mont, on voyait, outre la noblesse normande, figurer les noms et armes de Crépi, de Guémenée, de Thorigny, de Quintin, de Mesles, de Fontenoi, de Brezé, les plus respectables fleurons de notre couronne féodale.

Forts d'une confiance en leurs armes que justifiaient trop nos revers et leurs succès dans le reste de la France, les Anglais, avant de commencer l'attaque, envoyèrent un héraut sommer le gouverneur de se rendre au plus tôt afin de mériter son pardon, lui déclarant que, s'il refuse, il aura tout à craindre. Mais Dieu a permis que la patrie eût ses martyrs comme la foi. Le gouverneur répondit fièrement: « Va rapporter à ton maître que nous sommes résolus d'honorer la cérémonie du couronnement de notre légitime chef et maître Charles VII, et de lui conserver cette place ou de nous ensevelir sous ses ruines. »

Le général anglais frémit de colère à cette noble réponse, et, jetant des regards menaçants sur le drapeau blanc qui flottait au sommet du mont : « Superbe étendard, dit-il, tu seras ce soir abattu dans la poussière. »

Puis il s'élance à la charge, à la tête de l'artillerie, et foudroie les remparts, dont un pont s'écroule aux cris de joie féroces des Anglais. La brèche est large, l'assaut est facile. Les bataillons s'y précipitent assurés d'une prochaine victoire; les flèches des archers tombent sur nos braves chevaliers en une pluie mortelle. Les éléments eux-mêmes semblent se soulever contre les Français, et les sables de la grève, soulevés en tourbillons immenses, enveloppent le mont et protègent les assaillants. Tout semble perdu.

Du haut d'une plate-forme, un religieux de l'abbaye observe avec anxiété les mouvements du combat.

« Je vois, dit-il, les hommes d'armes courir aux murailles et y déployer un magnanime courage, et de temps en temps du milieu des clameurs et du cliquetis des armes s'élèvent des cris de « Montjoye, saint Denis, saint Georges, » comme la voix de l'espérance. Quel spectacle! Voilà que, sur la brèche, les chevaliers combattent seuls à seuls. Dieu des armées, défendez vos pauvres serviteurs !... Le gouverneur est entouré d'ennemis: il se dégage et monte sur le troisième bastion ; il renverse tout ce qui lui résiste, et arrache les enseignes ennemies. L'épée de Guillaume de Verdun saute en éclats; il s'arme d'une hache, et porte des coups terribles. Avec quel courage aussi, cet homme couvert d'armes rouges fait ranger aux pieds des murailles les troupes anglaises! L'épée haute et le visage découvert, il les anime et les ramène au combat. On précipite sur eux des pierres, des poutres, des rochers. Saint Michel combat pour nous! Sus à l'ennemi: victoire! nous sommes sauvés!»

Ainsi parlait aux cavaliers normands le bon religieux, comme sous l'inspiration prophétique. Il disait vrai: la victoire était gagnée.

Le découragement s'empare de l'armée anglaise. Saisis d'un religieux scrupule, les soldats sont près de se refuser à l'attaque. On les fait combattre contre l'archange saint Michel, pourront-ils jamais remporter la victoire?

Le comte de Lescale commandait les armées du roi d'Angleterre. Il crut que la fortune leur serait plus favorable sur mer, et il couvrit la baie de navires au pavillon rouge. La légende rapporte qu'au moment où il disposait ses vaisseaux, un vieil ermite, qui vivait à Tombelène dans un grand renom de sainteté, vint l'avertir au nom de l'archange que le Dieu des armées était avec la France. Il lui rappela que, chaque fois que des flottes ennemies avaient menacé le mont, on avait vu le glorieux saint Michel exciter les orages et les tempêtes, et engloutir les vaisseaux. Le comte méprisa l'avertissement du vieux solitaire et fit ranger ses vaisseaux; mais il n'avait pas fini qu'une tempête effroyable s'élève de l'Orient, brise et disperse tous les navires ennemis; et le lendemain, la mer jetait sur le rivage d'innombrables débris.

Cependant les Anglais s'opiniâtrèrent et recommencèrent peu après l'attaque par terre. Cet assaut fut désespéré et terrible. Le carnage fut affreux, et nos braves chevaliers furent réduits à se renfermer dans le château. Tremblant pour leur liberté, les religieux se joignent à leurs défenseurs et prennent leur part du combat et de ses dangers. Un moment encore, et l'abbaye allait tomber au pouvoir des Anglais. Tout à coup une troupe des plus braves chevaliers, inspirés par l'héroïsme du désespoir, se font jour dans la mêlée, rompent l'ennemi, et foulent aux pieds ses enseignes. Les Anglais plient ; leur chef voudrait les rallier ; mais la déroute devient générale, et le champ de bataille, avec les bagages, les vivres, l'argent, tout reste au pouvoir de la garnison.

Mais la ruse ne réussit pas mieux que la force à l'armée anglaise. Le siège est converti en blocus, et des batteries flottantes interceptent pendant longtemps l'entrée des vivres et des secours. A ce moment, Guillaume de Montfort, évèque de Saint-Malo, apprend la détresse et le désespoir de l'héroïque garnison. Les religieux du mont avaient engagé les reliquaires et les bijoux sacrés. L'évêque rassemble plusieurs nobles bretons, arme et remplit de vivres tout ce qu'il y a de vaisseaux dans le port; et cette petite flotte, expédiée sous les ordres de Bryens de Chateaubriand, s'en va sous la garde de Dieu à la délivrance des braves chevaliers normands. Elle apporte avec elle les bénédictions et la victoire, et de ce moment, les Anglais ne purent qu'entretenir garnison dans la forteresse.

XVII

Jeanne d'Arc et l'Avranchin.

Ce ne fut que sous Charles VII que la France reconquit ouvertement Tombelène, après la merveilleuse intervention de la Providence sous la figure gracieuse et nationale de Jeanne d'Arc. Ce fut à cette époque aussi que les moines eurent la douleur de relater dans leurs annales ce schisme national si funeste à notre histoire, qui partagea en deux camps l'Avranchin où pesait encore le joug de l'étranger. La convoitise de l'Angleterre n'avait pas abandonné ce splendide rocher pour la possession duquel elle avait dépensé tant d'efforts et de sang. Alors des enfants de la même patrie tournèrent l'un contre l'autre des armes françaises. A côté de Glacidas, le terrible ennemi de Jeanne d'Arc, et de ses barons anglais, se battaient un grand nombre de seigneurs normands, enrichis, au prix de leur lâche soumission, des dépouilles des fidèles sujets du roi de France....

Dans cette lutte terrible, Pontorson fut détruit, vingt-six églises furent abattues dans l'Avranchin. La mémoire bénie de la Pucelle vient se mêler à ce point du récit : Jeanne délivre Orléans, et le bruit de sa victoire relève les vaincus, désarme les vainqueurs. L'Avranchin reconnaît sa mission providentielle et la salue comme une sainte. Son noble et doux exemple, ses succès raffermissent les cœurs, réchauffent le patriotisme, attiédi par ces longues luttes de la Normandie avec ses voisins redoutables.

Mais Jeanne d'Arc meurt : un indigne supplice satisfait la haine de ses ennemis et arrête nos victoires. L'Avranchin tout entier s'en émut : un plaidoyer plein d'autorité et d'éloquence s'éleva, en faveur de cette sainte victime, de la bouche de Jean de Saint-Avit, évêque d'Avranches, pour proclamer son innocence et anathématiser ses bourreaux. Ce généreux défenseur ne put rien contre les juges d'iniquité, et Jeanne fut sacrifiée, hostie pure et sainte, à la nationalité jalouse de l'Angleterre. Il est remarquable que ce fut un des successeurs du vénérable évêque Jean de Saint-Avit qui contribua le plus à faire réhabiliter la mémoire de cette messagère céleste des bontés de Dieu, et c'est encore de l'Avranchin que plus tard partirent plusieurs pièces démonstratives en sa faveur, qui ne furent pas sans poids dans la révision de son procès et dans la conclusion de cette importante affaire (1).

On dira ce qu'on voudra de cette époque de luttes et d'infortunes. Quant à nous, il ne nous est pas prouvé qu'il y ait dans notre histoire aucune période plus émouvante, plus dramatique, plus sympathique peut-être à des cœurs dévoués au pays encore plus qu'à leur drapeau, que ce temps où la patrie, à l'agonie, sentant s'agiter dans des angoisses déchirantes la dernière fibre de sa nationalité, voyait encore la main de Dieu étendue sur sa détresse, et s'écriait dans son cœur troublé : « Dieu protège la

(1) *Démonstration très claire* que Dieu a plus de sollicitude de la France qu'il n'a de tous les États temporels, par le savant Postel de Barenton d'Avranches.

France ! » Ces guerres brillantes de l'empire sont plus connues ; toute cette génération a pris les noms de ces héros enguenillés qui couvrirent nos frontières menacées de forteresses vivantes, qui passèrent les fleuves pour détruire et créer des royaumes et des souverainetés nouvelles, qui partirent soldats et qui revinrent maréchaux ; mais ces temps d'héroïsme, de candeur et de foi, ces exploits dont quelques moines obscurs et quelques discrets chroniqueurs nous ont à peine transmis la minute, toutes ces grandeurs modestes qui ont à peine trouvé quelque froid historien, n'ont qu'une place obligée dans nos souvenirs classiques. Et peut-être cette époque de troubles et de discordes n'est-elle que le laborieux enfantement d'où devait sortir la vraie nation française ?

XVIII

L'ordre de Saint-Michel.

Le roi Charles VII, en reconnaissance de la protection mystérieuse que l'archange étendait sur l'Avranchin, avait eu la pensée d'établir l'ordre royal de Saint-Michel. Il mourut avant d'avoir accompli ce vœu, et ce fut Louis XI qui eut tout l'honneur de cette institution. Quand ce prudent monarque, après avoir soumis la pétulante Bretagne, eut réuni à la couronne le reste de la Normandie, ce fort de la féodalité, il se rendit en pèlerinage au mont Saint-Michel avec un cortège illustre et nombreux. Sa pre-

mière offrande fut de six cents écus d'or, ce qui était
alors une somme considérable. Debout et entouré
des grands du royaume, il dicta au chancelier l'acte
d'institution, à la gloire de Dieu et sous le vocable de
la bienheureuse vierge Marie, des saints, et particu-
lièrement du glorieux archange saint Michel. Le roi
fit chevaliers les seigneurs de sa suite qu'il avait
désignés à ce dessein ; c'était toujours, comme au
temps du preux Roland, l'accolade de l'épée nue. La
fin de la cérémonie était la réception du collier de
l'ordre fait de coquilles entrelacées d'un double lacs,
posées sur une chaîne d'or d'où pendait une médaille
représentant l'archange foulant aux pieds le dragon
de l'abîme et le perçant de sa lance. Le chevalier
était averti, selon la formule traditionnelle, que
l'hérésie, la trahison, la lâcheté et la fuite dans le
combat entraînaient l'exclusion de l'ordre. Ce fut le
roi François Ier qui remplaça les doubles lacs du
collier par une cordelière, parce qu'il portait le nom
de l'instituteur des Franciscains, et pour se con-
former aussi à la prière de la reine Anne de Bretagne,
sa belle-mère.

XIX

Guillaume Postel.

Du mont Saint-Michel aussi nous voyons poindre
en France nos premières aurores littéraires. Il fut en
quelque sorte une pépinière, où, dans le silence et
le recueillement, s'élevèrent quelques-uns de nos

savants et de nos écrivains les plus distingués de la
Renaissance. L'une de ces nobles et sévères indivi-
dualités est Guillaume Postel, un des savants les plus
remarquables que produira jamais notre patrie si
féconde pourtant en grands hommes. Rien de plus
intéressant que la vie de cet illustre érudit, dont la
jeunesse studieuse et éprouvée offre une suite intéressante d'aventures et de vicissitudes de toutes
sortes. Le cadre de ce travail ne nous permet pas de
raconter cette belle et curieuse vie; mais nous la
résumerons en disant, d'après les historiens eux-
mêmes, que jamais aucun homme de lettres ne pos-
séda en aucun temps une pareille universalité de con-
naissances. François Ier, ce puissant patron des lettres,
des sciences et des arts, et la reine, sa sœur, cette
charmante *Marguerite des princesses*, surent distin-
guer dans la foule ce mérite si humble, et le firent
sortir de son obscurité volontaire. Le savant Châtel
le leur désigna. Ce digne protégé du roi-chevalier
est une des plus belles intelligences qu'a toujours
tentées ce rêve sublime : *la fusion de toutes les natio-
nalités dans l'universalité du catholicisme*. Aussi l'un
des plus célèbres ouvrages de cet homme illustre,
celui qui révèle tout entière sa pensée, est un livre
intitulé : *De la Concorde du monde*, que l'auteur écrivit
dans la pensée de ramener tous les peuples au catholicisme. Il entra dans la Société des Jésuites, parce
que, disait-il, « leur manière de procéder est la plus
parfaite après les Apôtres qui onques fust au monde. »
Mais, nouvel exemple de la fragilité humaine, l'orgueil de la science et la vieillesse égarèrent sa raison ; il se retira vers la fin de sa vie au monastère de
Sainte-Marie-des-Champs, et il y mourut.

Il semblerait d'ailleurs que cette abbaye du mont
Saint-Michel fut le refuge de la science sacrée au
moyen âge. Un des plus célèbres rivaux de cet illustre savant est Cenalis, célèbre par le zèle et l'éloquence de ses prédications et de ses contestations
avec le fougueux Calvin. On sait que cet hérésiarque
n'était rien moins que poli dans ces disputes de
controverse, et qu'il ne laissait pas payer d'injures
lorsqu'il ne pouvait payer de raisons. Il traita le
savant évêque d'Avranches de chien, de porc, en
attendant qu'il le traitât de cyclope, et que, fina-
lement, il le renvoyât à la cuisine à raison de son
nom, *cenal.*

Un des derniers grands hommes qui furent la
gloire de l'Église de France et du siège épiscopal
d'Avranches fut le célèbre et savant Huet. Si l'on
pouvait douter que la science, en germant dans une
intelligence chrétienne, n'y devienne le principe de
toutes les probités et de tous les renoncements, il ne
faudrait qu'étudier cette belle et féconde vie pour
s'en convaincre. Comme Hippocrate, insensible aux
brillantes promesses d'Artaxerxès, ce grand homme
résista aux offres brillantes d'une cour étrangère, et
préféra une part modeste de gloire dans sa patrie, et
les bienfaits délicats mais mesurés de Louis XIV, son
roi bien-aimé, aux éclatants honneurs que Christine
de Suède, cette protectrice illustre des sciences et
des arts, faisait briller de loin à ses yeux. On
raconte de ce savant évêque qu'il était constamment
occupé à l'étude, et qu'absorbé presque sans relâche
par les choses de l'infini, il avait peine à descendre
de son ciel aux détails de la vie, quelquefois im-
portuns à ses méditations. Un jour, pendant qu'il

méditait les Écritures que, notamment, il avait lues vingt-quatre fois, rien qu'en hébreu, une femme d'Avranches vint lui demander une audience pendant ce temps. Elle s'enquit où il était ; on lui répondit qu'il était à étudier ; c'était la seconde fois qu'elle recevait de Sa Grandeur une semblable réponse. La bonne femme s'impatienta. « Ah ! s'écria-t-elle, quand donc aurons-nous un évêque qui aura fait toutes ses études ! »

On ne dit pas si le bon abbé Huet lui donna audience cette fois.

Mais le mont Saint-Michel ne fut pas qu'une école de savants, il fut aussi un des sanctuaires de notre poésie nationale. Au XIe siècle, le vicomte d'Avranches, Hugues, tenait dans cette ville une cour si brillante que toute la noblesse normande y accourait en foule. Longtemps auparavant, un des abbés du mont, le célèbre Robert, écrivait en latin les annales de son monastère, et un de ses religieux en rédigeait sous ses yeux le récit en vers. C'était un vrai tour de force, en raison de l'époque.

Plus tard, le jeune prince Henri, l'un des fils du Conquérant, qui n'avait eu que cette partie de la Normandie pour tout héritage, faisait aussi de sa cour le brillant refuge des lettres et des arts. C'est à Avranches que se jouèrent les premiers *mystères*. Mais ces *farces et soties*, qui corrompaient le goût du reste de la France, ne furent jamais goûtées dans ce vieux coin de la Neustrie, où semblait s'être réfugiée la langue nationale. Jean d'Avranches, un des évêques les plus éclairés d'alors, fit représenter de ces mystères rimés dans sa cathédrale. C'était l'histoire de la naissance du Sauveur, les bergers, les mages. Traduites du latin

PIE IX

en français, ces pièces furent imprimées à Avranches
sitôt que l'imprimerie y fut connue, et il doit se trouver encore de ces vieilles reliques de notre passé litté-
raire dans quelque rayon oublié de la bibliothèque
de cette ville. Au xive siècle, les trouvères les plus
distingués partirent de l'Avranchin.

Grâce au savant Pierre Leroy, la poésie avait beaucoup progressé dans l'Avranchin au xve siècle. Henri
d'Avranches, jongleur de Henri III, roi d'Angleterre,
composait un poème sur les guerres des barons anglais, ouvrage curieux que l'Angleterre et la Normandie ne possèdent plus. Le mont Saint-Michel
jouissait alors d'une si grande célébrité que tous les
poètes français l'avaient célébré. Quelques-uns de
leurs poèmes sont pleins d'onction, et le style en est
clair et coulant. Nous regrettons que l'espace nous
manque pour offrir quelques fragments à nos lecteurs.

XX

Les protestants et le mont Saint-Michel.

Après les guerres d'Angleterre étaient venues pour
l'Avranchin les guerres de religion. Ce fut pour le pays
une nouvelle source de calamités. En vingt-sept ans,
il y eut plus de quatorze mille personnes massacrées
dans le diocèse. Le chef des insurrections protestantes
était alors ce même Gabriel de Lorges, comte de Montgommery, qui avait blessé à mort, dans un tournoi,
le roi Henri II. De Pontorson, dont il avait fait le bou-
levard de son parti, Montgommery portait partout le

fer et la flamme. Il n'y a pas cent ans, on se racontait
encore aux veillées du soir, dans les campagnes du
pays, les ravages et les cruautés qui de ce temps dé-
solaient cette malheureuse province. Il y avait encore,
vers 1840, dans mainte maison de la ville et de la
campagne, des tableaux qui retraçaient ces vieux souvenirs, et les vitraux des vieilles églises de Normandie
en offraient eux-mêmes quelques épisodes.

Plusieurs assauts célèbres, dans cette triste période
de notre histoire, furent dirigés contre le mont Saint-
Michel, cette forteresse du catholicisme par excellence. Un des plus remarquables est celui que conduisit le maréchal de Belle-Isle. Cet illustre ligueur
perdit la vie dans ce combat, et, « une fois de plus,
dit l'historien, ce mont, vénérable à toute la terre,
prouve qu'il était destiné à résister à toutes les forces
humaines, et à témoigner de la puissance du bras
céleste qui l'a toujours protégé. »

Ce ne fut pas sans peine que Tombelène, qui appar-
tenait à la famille de Montgommery, alors puissante,
revint au roi de France, jusqu'à ce que le dernier
coup fut porté à la réforme par la victoire de La Ro-
chelle.

XXI

Les gouverneurs du mont Saint-Michel.

L'ordre et l'esprit d'ensemble pénétraient de plus
en plus dans l'administration du royaume. Nos rois
sentirent la nécessité d'unifier partout l'autorité. Le

gouvernement du mont Saint-Michel avait été retiré depuis assez longtemps aux abbés. Louis XIV, après la disgrâce de Fouquet, qui avait aussi possédé ce gouvernement, le rendit aux abbés qui l'avaient autrefois tant illustré. Mais le roi de France se conserva le droit de nommer et de destituer à son gré. Le mont Saint-Michel ne releva plus que de nos monarques.

Il était temps. S'il faut en croire les ouvrages authentiques qui sont allés jusque-là, cette réforme arrivait à propos dans l'Avranchin; ce n'était dans tout le pays que querelles et chicanes. Les procès étaient si communs, que les évêques étaient obligés de faire des lois pour les réprimer. On ne voyait qu'assignants et qu'assignés. La bonne foi, en Normandie, était devenue dans ce temps-là quelque chose de si légendaire, qu'on n'y croyait plus à personne qu'à Dieu, et qu'un étranger disait un jour dans sa prière: « Tu nous a promis, Seigneur, de nous aider dans nos tribulations; et tu ne t'en dédiras pas, car tu n'es pas Normand. »

XXII

Le pèlerinage des rois.

Nous avons donné, aussi abrégée que nous avons pu, la longue histoire de ce mont Saint-Michel, l'un des lieux les plus célèbres de notre France. Mais tout ce que nous en avons pu dire est évidemment bien au-dessous de la réalité. En parcourant de la pensée ces ruines illustres, nous nous sommes demandé souvent comment il se fait qu'on va chercher si loin des sites pittoresques et des monuments remarquables, tandis que, sous notre ciel même, dans notre pays, nous avons sous les yeux le plus brillant résumé que l'on puisse voir de toutes les merveilles européennes. Malheureusement, toutes ces belles choses ont pour les Français le tort d'être françaises. Tout le monde va en Italie ou en Suisse, mais tout le monde ne peut pas faire son tour de France !

Peut-être viendra-t-il un jour où nous serons plus fiers de nos richesses. Enfants gâtés de la Providence, nous avons fait de toutes ces magnificences les jouets de nos caprices. Elle nous en a bien puni depuis, hélas !

Plusieurs ouvrages modernes sur le mont Saint-Michel, qui ont obtenu quelque vogue, ont voulu insinuer que le pèlerinage du mont Saint-Michel, comme une foule d'autres, disent-ils, aurait été une affaire de mode uniquement. Si ce fut jamais une mode, il faudra convenir qu'elle a duré plus qu'aucune autre, et ceci n'est pas difficile à prouver.

Le premier roi de France qui se prosterna devant l'autel élevé sur ce rocher au prince des anges, fut Childebert III, qui y vint, en 710, humilier son front couronné.

Le bruit de quelques miracles opérés en ce lieu par l'intercession du patron de la France, des indulgences attachées à ce pèlerinage par le Souverain-Pontife, et l'exemple des rois, y attirèrent presque toute la chrétienté. Au XIe siècle, l'empereur Charlemagne, édifié des merveilles qu'il entendait raconter, fit peindre sur ses étendards l'image de l'archange, et il le proclama le protecteur céleste de ses États. Depuis, aucun roi de France, si ce n'est Louis XV, n'y manqua. C'est ce qu'attestent les respectables manuscrits du mont, le fameux *Livre vert* et l'histoire même du fameux abbé dom Huynes.

Le mont Saint-Michel vit se réconcilier ensemble, par les soins de l'abbé, le duc de Bretagne et le roi d'Angleterre Henri II, qui était encore maître de ces lieux. Le jeune roi Louis VII, le cœur encore ulcéré par le souvenir de l'ingrate Eléonore, se trouva avec ce monarque à l'abbaye quand il vint accomplir le pèlerinage de coutume au mont Saint-Michel. Ces deux rois dinèrent ensemble au réfectoire, entourés de l'évêque d'Avranches, des cardinaux et des grands des deux royaumes ; puis l'abbé du mont ayant célébré solennellement la messe, ils revinrent ensuite à Avranches, où ils se firent voir à leurs sujets et tinrent audience.

Nous avons parlé ailleurs du pèlerinage de l'auguste Louis IX, lorsque, racheté des mains des infidèles, ce grand monarque vint remercier Dieu et le saint archange de sa miraculeuse conservation au milieu de tant de dangers. Avant de partir, ce saint roi déposa sur l'autel une somme d'argent destinée à augmenter les fortifications de la place du château. Son souvenir demeura longtemps après lui sur ce saint rocher.

Charles VI le Bien-Aimé vint aussi en pèlerinage au mont Saint-Michel. Ce monarque était alors jeune et plein d'espérance ; il n'avait pas encore était trahi par l'épouse qu'il aimait. La France était encore heureuse et honorée. Le monarque entra au mont Saint-Michel sur un cheval blanc royalement caparaçonné ; le clergé descendit au-devant de lui avec la croix d'or. L'abbé Pierre Leroy, docte et féal ami du roi, avait sa mître couverte de perles et de pierreries, et de toutes parts on criait « Noël! » et l'on répétait : « Bon roi, amende le pays. »

François Ier et tous les Valois, puis Henri IV, Louis XIII, le grand Louis XIV, firent sans exception le pèlerinage du mont Saint-Michel. Sans doute nos derniers princes n'ont pas manqué à cette coutume, devenue héréditaire dans leur noble maison. Les princes d'Orléans ont cru eux-mêmes y être obligés ; et Mme de Genlis, avec un peu de gloriole, parle de leur voyage dans ses Mémoires. Il va sans dire que les lecteurs de bon sens qui ont parcouru ces écrits, ont bien dû sourire un peu à l'occasion de la *fameuse cage de fer*, où avaient dû gémir, dit cette dame, tant d'infortunées victimes de la tyrannie des rois. La Bastille et la cage de fer du mont Saint-Michel sont des Croquemitaines assez bien trouvés pour les enfants de la Révolution ; mais peut-être ces enfants terribles les ont-ils déjà regardés d'assez près pour n'y plus croire eux-mêmes.

XXIII

Le retour de l'archange.

La Révolution, qui avait tout osé, n'osa pourtant pas se mesurer avec ce colosse dix fois séculaire, et en jeter les pierres à la mer, qui brise chaque jour ses flots indomptables aux flancs altiers de cet immuable roc. Le mont Saint-Michel n'avait été réellement une prison que depuis que la Révolution les avait multipliées pour y ensevelir toutes les grandeurs et toutes les saintetés de ce monde. Aussi cette paisible abbaye, qui avait été si longtemps comme un pied-à-terre du ciel ici-bas, dut-elle être bien étonnée de recevoir dans ses murs, à titre de prisonniers, trois cents conventionnels, en temps de florissante république.

Cette indigne transformation dura soixante-dix ans.

Depuis longtemps, la France, avide des saintes dévotions qui la faisaient vivre par l'âme autrefois, tournait les yeux vers ce rocher d'où lui étaient venues si souvent les bénédictions célestes. Une pensée généreuse de restauration germait dans le cœur d'un de nos plus dignes évêques français, Mgr Bravard, évêque de Coutances et d'Avranches.

Enfin, en 1865, le saint archange reprenait possession de son sanctuaire, et les pèlerins antiques y étaient solennellement rétablis. Tous les vrais Français en béniront éternellement l'imminent prélat dont l'initiative courageuse a renoué dans notre histoire les souvenirs de notre cher passé et les espérances de l'avenir.

En automne, l'an 1867, par une splendide solennité, la sainte basilique, purifiée et rajeunie, se rouvrait aux vœux de la France et au culte si national de saint Michel.

Mais depuis deux ans que cette foi catholique, dont la sève intarissable survit à tous nos désastres, à toutes nos défaillances, refleurit comme de nouveau dans toutes les parties de notre patrie, les beaux

jours de cette dévotion patronale semblent revenus
pour jamais.

Le pèlerinage de 1873 a dépassé tout ce que nous
aurions osé prévoir. Non, ce n'est pas la curiosité, ce
n'est pas un simple attrait artistique qui a conduit
là ces masses de pèlerins : il y avait une âme, une
pensée dans cette procession de la France au saint
lieu d'où plane sur nos destinées la protection de
notre ange gardien.

« Quel spectacle, dit le compte rendu des nouvelles
Annales du mont Saint-Michel, aussi religieux que
pittoresques, de voir ces barques chargées de pèlerins qui glissent en chantant sur une mer calme, ou
ces longues files de piétons qui se dessinent sur
le sable, ces blancs habits du clergé, ces innombrables bannières qui flottent au vent. Les cantiques
des pèlerins se rapprochent et viennent bientôt frap-
per les échos du vieux monastère ; la grosse cloche
leur répond, et, du haut des terrasses, les voix des
missionnaires de l'abbaye alternent avec les mur-
mures de la grève. C'est le dialogue de la terre et du
ciel.

Les RR. PP. missionnaires, qui remplacent aujour-
d'hui les anciens et illustres abbés du mont, attendaient la procession à l'entrée de la petite bourgade
qui échelonne ses maisons rustiques sur les flancs
de la montagne. On monte au sanctuaire vénéré par
la rue si curieuse et si accidentée du mont Saint-
Michel, toute formée de terrasses et d'escaliers. Le
chemin des remparts est encore plus pittoresque, s'il
est possible ; il longe ces magnifiques créneaux, d'où
nous contemplent — oserons-nous dire aussi — dix
siècles de luttes et de gloire, et qu'une poignée de

chevaliers normands nous ont conservés, malgré les
efforts de vingt mille Anglais. Quelle grandeur, quel
prodige ! Poètes, savants, pèlerins, vous tous dont
les rêves appellent l'infini, venez et voyez !

La chrétienté gardera longtemps le souvenir de ce
pèlerinage solennel. L'âme, l'intelligence y trouvèrent
leurs émotions et leurs extases. Après la messe et
l'office, couronnés par la bénédiction apostolique
que Pie IX, par dépêche, envoyait aux heureux pèlerins, les voyageurs se répandaient dans toute la ville
et visitaient curieusement ce donjon gigantesque
qu'on a appelé si justement la merveille de l'Occident. Les cryptes, les tours, les cachots, les cloîtres,
les salles, le promenoir se disputaient leur attention.
Quoi de plus riche en curiosités archéologiques que
ce sanctuaire dans son dénûment, qui ne lui permet
même pas le modeste aménagement de nos plus
simples églises de campagne ?

C'est à nous chrétiens, à nous Français, de ressus-
citer dans ce vénérable tabernacle de notre nationalité son ancienne splendeur. Elle manque encore
aussi au sommet du mont, cette statue vénérée de
notre archange dont la durée a été la mesure de nos
prospérités d'autrefois. Unissons-nous dans une
patriotique offrande, et reconstituons cet admirable
chef-d'œuvre, ce frontispice du mont Saint-Michel,
l'archange qui dominait de toute la puissance de son
épée victorieuse les éléments courroucés et les ini-
mitiés menaçantes. L'œuvre est facile ; les dimen-
sions de l'ancienne statue ont été conservées, et celle
qui surmonte une des tours de la ville de Bruxelles
a été faite sur ce modèle.

Une pieuse croyance que rien ne déracinera jamais

dans notre peuple fidèle, nous insinue que la France reverra ses beaux jours quand elle aura replacé, sur la cime qui lui a si longtemps servi d'autel, l'image triomphante du protecteur de la patrie. Ne fermons pas notre cœur à cette souriante prophétie. Nous avons assez détruit; il est temps de réparer.

FIN

TABLE

— Lille. Typ. A. Taffin-Lefort, 1893. —

www.ingramcontent.com/pod-product-compliance
Ingram Content Group UK Ltd.
Pitfield, Milton Keynes, MK11 3LW, UK
UKHW022111070726
13613UKWH00002B/997